JN302846

# アダルト・チルドレンの子どもたち

## もう一つの 共依存世代

GRANDCHILDREN OF ALCOHOLICS
ANOTHER GENERATION OF CO-DEPENDENCY

アン・W・スミス 著
斎藤 学 監訳
和歌山友子 訳

誠信書房

GRANDCHILDREN OF ALCOHOLICS by Ann W. Smith
Copyright © 1988 by Ann W. Smith
Japanese translation published by arrangement with the Author
c/o Montreal-Contacts/The Rights Agency
through The English Agency (Japan) Ltd.
Translation Copyright © 2005 by Seishin Shobo

# 謝辞

この本を世に出すため、ひとかたならぬお世話になった皆さまに感謝します。

リック・エスタリーとシャロン・ウェグシャイダー＝クルースに。お二人はとても大切な指導者として私の発言を支持し、これを書き記すよう勧めてくださいました。

シャロン財団のファミリー・プログラムのスタッフの皆さんには、そのひらめきとサポートに対して。

私を代弁者として立つよう力づけてくれた次世代ACの皆さん、特に面接に応じてくださった方々に。

U・S・ジャーナルのスタッフの方々。特にペーター・ヴェグソーとゲーリー・サイドラーに。

私の子どもたちジェフとリンジーは、喜びと希望を与えてくれました。

# はじめに

アルコール・薬物などの物質依存の影響を受けるのは、乱用する本人だけにとどまらないと私は常々考えていた。この考えのもとは私の育った家庭環境にある。両親は別として、わが家系ではアルコール依存はごく当たり前のことだったのだ。この十四年間、物質依存の人やその家族と取り組むうち次第に見えてきたのは、いったん依存物質が家からなくなっても、ほっとするのはほんの束の間で、そこには機能不全に適応しきった家族システムが残され、危機のない状態を持て余してしまうということだった。したがって、またたく間に危機はよみがえる。新たなアディクション（嗜癖）や強迫観念、身体的・精神的症状によって、あるいは以前の状態を維持しようと病の再発までさせて。

アダルト・チルドレン（アルコール依存の親をもつ人たち＝ＡＣ）を対象とした集中治療プログラムと共依存の教育を行なうなかで、私は、現在の生活がＡＣとそっくりなのに、生育家庭には機能不全もはっきりした症状も見られない人たちと数多く出会ってきた。この一群はアルコール依存の祖父母がいる人たち（次世代ＡＣ）からなることが非常に多く、なかでも多いのは、先々代にアディクションのある人がいたのに、その話を聞いたことがなく事実を知らない人たちだったのである。

彼らは自分の苦痛や現在の生活上の問題を正当化できず、援助も求めない。なかにはＡＡ（アルコール依存者とその家族の自助グループ＝Alcoholic Anonymous）での回復を通じて、運よくアダルト・チルドレンの自助グループや治療につながる人も少しはいる。けれども、そうした人たちも、語るべき事実としての「体験」が自分にないため、場違いな気持ちになると訴える。多くの次世代ＡＣは疑問を感じる。「私はあんないい家で育ったのに、どうしてこんなにめちゃくちゃなんだろう」。

今のところ身元不詳のこの傷ついた人たちに対する関心が、本書の執筆に至った隠れた動機である。さらに正直に言えば、私以外の次世代ＡＣの体験調査を通して自分を確かめたいという気持ちのあったことを認めなくてはならない。

私自身の個人的探求と、つい最近の次世代ＡＣの人たちとの接触から、親不孝に対する強い恐怖が自分にあることに気づかされた。私の両親は子どものためを思い、自分は親のようになるまいと身を粉にしてきた人たちだ。私は、すべての次世代ＡＣになり代わって親の努力を認めるとともに、アダルト・チルドレンである私たちの親が障害物を乗り越えながら、自ら知りうる最良の子育てをしてきたことに感謝の意を示したい。それが次善の策にすぎなかったと認めることは、過去になされた努力の数々を否定することにはならない。私たちの家庭に共依存があったことは、次世代ＡＣのその後の人生を見れば明らかだ。彼らはアダルト・チルドレンと同じく、成人として生活するうえでさまざまなレベルの機能不全状態にあるのだから。

本書の執筆にあたって目指すところは数知れない。けれども第一の目的は、次世代ACの代弁者となることだ。彼らに、こんな承認の言葉をかけながら――「そうです、何かが間違っていたんです。ええ、あなたが悪かったのではありません。そう、その話をしても大丈夫ですよ」。

また一つ「レッテル」を増やしてしまって申し訳ない。私にわかっているのは、こうした人たちが姿を隠すのをやめて回復に向かう道はこれ以外にないということなのだ。

# 目次

第5章 ＡＣと次世代ＡＣのための治療の選択肢とセルフヘルプ――― 116

# 第1章　共依存――複数の世代を見渡して

物質依存とそれが家庭に及ぼす影響についての私たちの認識がどれだけ変わってきたか、治療の草創期から振り返ってみると、圧倒される思いがする。いかに速く、いかに遠くまでやってきたことか。専門家たちは私も含め、もっぱら自分たちの才能と専門技術によるものと思いたくなるけれど、私たちのほとんどは、クライエントの皆さんや自分自身の人間的成長から教えられてきたということを認めるだろう。私たち専門家は、クライエントに接してその話を傾聴し、観察し、共に変わろうとする意志があってこそ特別な存在となるのだ。

「あんな女房がいたら飲まずにはいられない」。この台詞がアルコール問題家庭に向けられる世間の目を代表していたのも、それほど遠い昔ではない。時代の流れそのものは住む国や地域に左右されるし、いまだにこうした態度が根強く残るところもある。当時の治療プログラムは、物質依存の人を「むちゃくちゃな家人」から引き離そうとするもので、たまにアラノン（Al-Anon＝アルコール問題を抱える家族のための自助グループ）を紹介する以外、家族問題に取り組む努力はまったくされていなかった。

アルコール依存の人の回復プロセスへの認識が深まるにつれて、私たちが気づいたのは、回復から間もない人の断酒状態を保つには、家族教育が効果的であるということだった。つまり、ＡＡ参加を支持するように、過去を持ち出さないように、根気強くかまえるように、などである。家族を教育して本人の回復の邪魔をさせない努力をするなかで、私たちは、アルコール依存の人の配偶者たちと以前よりも長く接するようになった。現在「共依存」と呼ばれるものを私たち専門家に教えてくれたのは、この配偶者たちだった。

配偶者との最初の接触は、私にとって、またほかの専門家にとってもそうだったろうが、アルコール依存という病の見方をがらりと変えるきっかけとなった。いったん依存物質が除かれれば家のなかが落ち着くのも時間の問題だという、それまでの単純きわまりない思い込みはだんだん薄れていった。良いことなどないとわかりきっているのに虐待的な婚姻関係にとどまる人がいるのはなぜかという疑問や、アルコール依存の人が断酒したとき配偶者に見られるパニックや極端な自尊心の低下、抑うつ状態、人間関係へののめり込みといった事態は、容易に解明できなかった。さらに詳しい研究によって、配偶者もほとんどがアルコール問題家庭や機能不全家庭の出身であるという事実がわかり、より合理的な解釈が得られた。

アディクション分野の用語である「共依存」は、アルコール依存の人の配偶者や親密なパートナー、その子どもに対して用いられる。近年ではさらに物質依存の人たちもここに含まれる。彼らも同じ家族力学の下で過ごしてきたことが明らかだからである。もっと大きくとらえるなら、機能不全家庭で暮らす人のすべてがここに入るだろう。そうした家庭では依存的な人間関係が助長されるからである。共依存という言葉はもともと、家族が物質依存の人と「共に」病気になるという考え方を表すものだった。

私の個人的な定義によれば、共依存とは、誰か大事な人の機能不全（アディクションの場合もある）に適応した結果生じたある状態、実際には人生のありようである。それは対ストレス反応として身についたもので、生存のための便宜的手段というよりもむしろその人の一生を貫く生き方となる。これは、ストレス要因から解放された共依存の人が、まるで害を及ぼすものがいまだにあるような反応をしたとき、最もよくわかる。

身体的暴力や、たとえ言葉の暴力であっても虐待が存在する家庭では、攻撃を受けないうちに身を守るルールを作り出す必要がある。これはとても実際的なやり方だ。たとえばこんなルール――怒りや意見の相違、人が傷つくことを口にしてはならない、などである。このほか、信頼しない、無防備になったり人に近づかない、身体に触らないといった、一見機能不全と思われるルールもまた必要があって生まれたもので、ある種の家族システム内ではとてもうまく働く。

しかしながらこのルールは、人と親密になり健全に依存する世界に入る下準備にはならない。不運なことだけれど、サバイバル・ルールが必要なシステムのなかで生まれた人たちは、そのルールが家の外での生活には適さないことに気づかないし、教えられることもない。これは、同じパターンを続けてしまうところによく表れる。共依存の人は、自分の依存対象となるほかの共依存の人を見つけて、内面的にも外面的にも危機に浸って生きる。彼らは機能不全の人間関係を選んでいるのではなく、ただ自然に物質依存や共依存の人を引きつけたり引きつけられたりするのだ。このように、家庭内のルールや思考回路や行動パターンを通して、共依存は後の世代に伝えられていく。たとえ物質依存が存在しない場合でも。

私たち専門家の多くは、一般の方のこんな質問を耳にした経験がある。「うちの両親はお酒を飲まないのに、なぜ私はアルコール依存者の子と一緒にされるのですか」。その答えは、アディクションのあるなしではなく、世代から世代へと密かに伝えられてきた共依存という家族力学にあるのだ。

興味深いことに、物質依存が隠されていない家でも、これが家族に及ぼす影響となるとまったく否認される。ある次世代ACの発言はこの事実をはっきり示している。

「母方の祖父はアルコール依存で、酒を飲んでは子どもたちを銃で脅しソファから追い散らしていたとのことです。私は祖父のことは知りません。私の母が十五歳の時に亡くなっていますから。私が赤ん坊の頃、一度父が酔っぱらって帰宅したことがあって、そのとき母は、『酔っぱらいのいるところで子どもを育てるつもりはない』と言ったのです。確かにパパはそれ以後深酒はしませんでした。うちの問題は、アルコール依存と関係あるとは思えません」。アルコール依存の親をもつ人は自らサバイバーとなり、想像を超えた虐待や傷を乗り越える手立てを子どものときに見つける。どの人も少年少女時代のそうした恐怖は克服できると信じたがる。コントロールできないものをコントロールしようとし、先の例ではアルコール依存までも防ごうとしている。彼らは、過去は過ぎたことで子どもにまでは影響しない、と一生懸命に自分に言い聞かせなくてはならないし、子どもに向かって、間違いなど一つもなかったと言い含めることさえある。

こうした否認は、実際に飲酒や薬物乱用が身近になければその影響はないという思い込みによく表れる。現在アルコール問題のある家庭の多くが、アルコール抜きの生活に入って実際にはストレスが増した経験をもっている。離婚、別居、また飲酒癖のあった人が亡くなっても、共依存の力学はシステムからなくならない。家族システムの機能不全を説明するストレス要因が特定されないいま、問題は潜行していく。表面的にはそれはもう話題にされないし関心も引かなくなる。ほかのスケープゴートや問題は発見されるかもしれないが、それは間違いなく生きながらえて、子どもやそのまた子どもの人生で返り咲くのだ。

## その後のアダルト・チルドレン

アルコール依存の親をもつ人は、誰もが同じように病の影響を受けるわけではない。ロバート・アッカーマンが著書『アルコホリックの子どもたち』（*Children of Alcoholics*）で述べているように、その度合い（つまり重症度）、親のアルコール依存のタイプ、子ども個人の受け止め方に左右される。子どもたち全員がすべての特質を等しく共有するとは考えられない。確かなのは、私たち専門家としては、アルコールや薬物依存のある家庭で育つと、大部分の子どもにかなり予測可能な障害が残り、何らかの形で治療がされなければ、やがて子育てをするときに影響が出てくると考えられるということである。

## 自尊心の低さ

情緒的にネグレクトされ、ひいきめに見ても気まぐれな養育環境にあったら、自分に自信をもてるようにはならない。アダルト・チルドレンの自尊心の低さの表れ方は、家のなかでの役割によってある程度決まってくる。

「一家のヒーロー」（ウェグシャイダー・クルース著『もう一つのチャンス』〈*Another Chance*〉）は、外から見ても悪くないので、自尊心の低い犠牲者であることが最もわかりにくい。けれども、この人の調子が悪いときを見てみよう。何かミスをしたり、締め切りを守れなかったり、友人を失望させたり、思いやりのない発言をしてしまったときを見ると、自分はダメだという感覚が心の底にあるのがわかるだろう。他者、特に家族を喜ばせ認められる努力をヒーローにさせてやまない原動力は、自己イメージの貧しさにある。ヒーローもほかのアダルト・チルドレンも、「もし……ならば私はＯＫ」と自分を条件づきで愛する。「それ」をうまくやり遂げて、たくさんの実績が高く評価される日が来るのを彼らは待っているのだ。

「スケープゴート」は、見るからに自滅的な行動をして自尊心の低さを表す。権威に対する反抗、ときには抑えの利かない怒りや激怒という形をとり、成人してからもこれは続く。スケープゴートはしばしば人を虐待するようになり、心の葛藤や自己嫌悪を行動化する。ああはなるまいという決意にもかかわらず、自分の嫌うアルコール依存の親とそっくりになってくるのである。

「忘れられた子」は、ダメな人間だ、人より劣っている、この世で一人ぼっちの迷子だという感覚につきまとわれて苦しむが、実際のおびえの正体は自分にもわからない。彼らの自尊心の低さは外見にも表れ、極端に内気で引きこもっているように見える。ヒーロー同様、忘れられた子もかなりの才能や創造力をもちながら、自分の成功を楽しみ、人と分かち合うことができない。

「一家のマスコット」は、ユーモアやか弱さ、病気などで常に人を引きつけるが、それは「私は傷ついた」という彼らなりの表現なのだ。これはスケープゴートと同じく家族の思わしくない反応を呼び、苦痛も、自分はダメだという感覚もかえって強まってしまう。

多くのアダルト・チルドレンは、家族が酒飲みだった記憶がないから、飲酒を目撃した経験がないから、あるいは「小さすぎた」から、そのために自信をなくすはずなどないと考える。けれども児童心理学者たちは、健全でポジティブな自己イメージの形成は五歳までの生活で決まるという点で一致をみている。その子の記憶以前にたくさんの被害が出ている可能性もある。アダルト・チルドレンは、自分の見かけを変えるのに熟練し、問題のない人間であると世間に納得させるのだが、その過程で自分もそう思いたいと願っている。自己評価とは、外見から手をつけても高まるものではないのだけれど。ここから「インポスター現象」への道につながっていく。つまり、ありのままの姿を見られる恐怖につきまとわれるのだ。運が良ければ、自尊心の低さを補う努力を続けるうちに有能になり、成功者となることさえある。回復のプロセスで彼らは、自分の長所を安売りしないこと、長所も短所も等しく受け入れることを学んでいく。

## 外に目を向ける

物質依存のある家庭では、わざわざ行動を起こさなくても、待っていさえすれば物事は良くなるという考え方が養われる。無力感のはびこる環境でいつもストレスに囲まれて生きていると、むだなことはしないに限るという考えにいきつく。これはそもそも間違った問題に大量のエネルギーを投じた結果であることが多い。家族メンバーが問題のありかを正確にわかっていることも稀にはあるが、そんなときでさえ親戚や専門家と会うと、もっと我慢しなさいとか手を引きなさいと言われ、努力はいっそうくじかれてしまう。家族はだんだん受け身になって、進行が避けられない病の犠牲者となり、自然に見通しがつくのを待ち続けるけれど、そういうことは起きない。アダルト・チルドレンは、このどうしようもないパターンのなかで、アルコール依存でないほうの親が狂気の沙汰に順応していくのを長年見続けてきた。何かできるはずだと考えて親にくってかかることがあったとしても、受け身の姿勢は手本となって子どもの心に植え込まれ、大人になってからの人生での問題対処の仕方にはっきり出てくるだろう。

アダルト・チルドレンは、自分は周りの環境の犠牲者で、人生に対して無力であると考える。たとえば、結婚とは相手が良ければうまくいくものだと彼らは思っている。人間関係の問題解決は、自分以外の人間の、変わろうとする意志にかかっている。自分の態度が事態を悪化させているかもしれないとは考えられない。自分は思考や感情のコントロールができないから、人に「刺激されたら」自動的に罪悪感や恐怖心で反応するしかないと信じている。「あの人は私の怒らせ方を知っている」というおなじみの表現は、他者への反応をコントロールする力が自分にないことを暗示する。

アダルト・チルドレンは、朝起きると今日がどんな一日になるかを、ほかの人たちのしていること、考えていること、感じていることなど「もろもろの」状況をもとに判断する。彼らは、目に見える合図、つまり人の表情や室内の雰囲気などに極度に強い関心をもち感じ取る能力があるため、「警戒心過多」と言われることも少なくない。これはアルコール問題家庭での必要から発達する技能だ。その家の雰囲気はすべて、アルコール依存の人が今日やること、あるいは昨夜やったことにかかっているからだ。

物質依存の人がいると家族は外部の出来事に目をそらすので、子どもは外の世界に反応して生きるようになり、人の感じ方や決断にまで責任を負うことが多くなる。職業、人間関係、健康問題なども自ら選択しないため、怒りの抑圧や犠牲者的態度が続く構造ができていく。彼らは自分をごまかしきっていて、「事情」が変われば自分も順調になると信じているのだ。

## 感情の見極めや表現ができない

アダルト・チルドレンに、感情を表現しなさい、と言うのは、アメリカの全国民に聞いたこともないロシア語を話せと言うようなものだ。私たちのほとんどは自分の感情から生じる生理的反応にある程度気づいているけれど、感情を分類し適切な表現を身につけるには多少の訓練やモデルが必要で、それは普通、家庭環境で与えられる。このモデルが得られないとき、また暴力その他の被害を与えるモデルだったとき、子どもには選択肢がいくつかある。意識して選べるものではないけれど、いくつかのパターンが浮かび上がってくるようだ。

一つのパターンは、感情についてよく考え、ほかの人の反応や行動を真似て「合わせる」ようにするアダルト・チルドレンだ。彼らはどういう感情をもつべきか敏感に意識し、その感情を行動として表すやり方まではわかるにしても、能動的な意味で実際に何かを「感じる」ことはないだろう。結局、彼らは閉鎖（シャットダウン）状態になって自分の内面との接触を失い、ともすると、自然にわくはずの生理的反応までなくしてしまう。情緒と表現は単調になりマヒする。よく挙げられるのは、愛する人を失っても悲嘆を味わえない例だ。自分を閉鎖したアダルト・チルドレンは苦しんでいる人の面倒をみる名人になるが、自分自身の喪失に触れることはできそうにない。

アダルト・チルドレンのなかには、たとえば怒りといった特定の感情は許せても、傷ついた気持ちや悲しさなどを感じる自分は許せない人もいる。スケープゴートはとても短気に見える場合が多いけれど、治療のなかで私たちが気づくのは、彼らの怒りが感情よりもむしろ防衛として機能してきたということだ。傷ついたり、何かを恐れたり悲しんだりしたときの反応として、彼らは攻撃的な感情を爆発させる。これは、苦痛を覆い隠し人から距離を置こうとする反応であるだけでなく、アルコール依存の親からモデルとして与えられたパターンである可能性もあり、したがって思慮分別のない本能に任せた動きになってしまうのだ。

女性は、怒りを恐れ、おおっぴらに泣くのはよしとしても、怒りを決して表現しない。怒りを好ましくないやり方で表現したり、あるいは何も表現しないで生きてきたアダルト・チルドレンは、怒りとは激怒のことだと思い込み、恐怖感をもち続ける。それを表現したら完全に自制心を失い、自滅するか人を深く傷つけるかのどちらかだと信じて疑わない。彼らにとって激怒とは、レイプ、強盗、虐待などといった悲惨な出来事に対する極端な反応ではなく、むしろ切れた靴ひもに対するような普通の反応なのである。

そういうパターンとは関係なく、感情の認識と表現ができないことで親密さに向かう努力も挫折していく。もしあなたが私の気持ちをわかるなら、あなたは私のことがわかるということだ。私が自分の気持ちをわからないなら、あるいはわかっていても伝えられなければ、あなたと私は打ち解けて理解し合えることはないだろう。アダルト・チルドレンが最も心地良く思えるのは、感受性が自分と同程度か大きな差のない相手といるときだ。その結果、「半人前の」二人は結婚して一人前になろうとする。

## 援助を求められない

物質依存や深刻なストレスを抱えた家庭のルールは、家族一人ひとりとシステム全体をより大きなトラウマから守るようにできている。皮肉なことではあるが、もし外部の人間に知られたら、ささいな問題であれ深刻な問題であれ、悪化するだけだとされることが多い。悲しい事実だけれど、こうした思い込みの土台となる現実が多くのケースであるのだ。誤った知識をもった専門家や家族メンバーがアルコール依存に対処しようとして、かえって問題を長びかせてしまうのは周知のことである。

否認はアルコール依存の主症状だから、この病に由来する家族の苦労はもちろん、飲酒や薬物乱用そのものも隠し通そうとするのは当然だ。また、問題の存在を認めなければそれは消えていくという思い込みもそこにはある。

アルコール依存の親をもつ子どもの自尊心は、人がどう見るかにかかっている。また、家族の意見や同意のあるなしにもかかっている。子どもが親やきょうだいを誇りに思うのは当たり前だが、わが家がよその家とどこか違うのに気づいたとき、彼らは世間の風当たりから家族システムを守ろうとする（自分と家族の自尊心のために）。こうして秘密の保持とごまかしが生きのびる手段となる。さらに親が腹を立てて事実が暴露されるという恐怖も出てくる。

アディクション、近親姦、虐待など、いずれにせよ「大きな秘密」をもらさないことが、子どもの自分の気持ちを語る欲求よりも重要なのだ。外にもらさなければ問題はないのと同じだという思い込みがそこにはひそんでいる。トラウマとなるような暴力をきょうだいで共に目撃しても話し合うことはまずないし、内緒話もしない。抑圧すれば、悲痛な経験も遮断され記憶から消えてしまうのだ。

自分の世話は自分でするしかないというのが、物質依存家庭の生活実態である。両親が精神的にも肉体的にも、人に分けるエネルギーなど持ち合わせていないのは、子どもにもよくわかる。必要から、信頼に対する恐怖から、あるいは単に反発から、そのいずれにせよ、アルコール依存の親をもった子どもは自分で自分の面倒をみる習慣が身につく。こうした努力は状況に適っているし、家族システムから報われることもあって（「少なくともジェーンのことは心配いらないわ」）強められていく。どの行動パターンをとるにしても、スタートが早ければ早いほど無意識に行なわれ、その人の生活様式となりやすい。

大人になったアダルト・チルドレンは人の援助を求めなくなり、たとえば仕事場までの車の同乗やコーヒー一杯といった単純このうえないことも頼めなくなる。それと同時に人の援助にかけては強迫的になる。援助が必要でなかったり、してやるだけの価値がないときであっても。

個人的な問題の見極めを避けて、その種の話もしないし援助も求めないというこのパターンは、問題悪化とさらなる否認の必要につながっていく。問題の大小に関係はなく、アルコール依存の親をもつ人は同じ反応をする。

## 極端な思考に走る

困難な状況にあって判断を下し、選択肢を考慮して適切な行動をとる私たちの能力は、生育家庭で見せられた手本にかなり大きく左右される。ストレスの目立つアルコール問題家庭には、どこの家にもある日常的な問題だけでなく、アディクションというストレスに対処する独自のやり方がある。「これは起きていない」は、危機に対するこうした家庭の最もありふれた速やかな反応で、問題が少々悪化して避けられなくなるまで延期する役に立つ。家族の一人ひとりは、外からの圧力つまり学校当局や集金人のおかげで、大きくなっていく問題に直面することを何度となく強いられる。

たとえばアルコール問題家庭に多いストレス要因は、ティーンエージャーの薬物乱用問題だ。健全な家庭であれば、親やきょうだいはその子の状態がだんだん悪くなっていくのを見過ごさない。親がアルコール問題を抱えていると、未成年の子のドラッグ乱用も無視され、法律上・健康上の深刻なトラブルに陥り、公的介入から強制処置に至ってしまう。極端な思考に走るため、家族メンバーは、まったく手を下さないかむちゃなことをするかになってしまう。状況への直面を迫られると、決断を下して行動に移すはずのプロセスで誰かを非難することになり、そこから猛烈な反撃や受け身一方の反応が起きたりする。

あるアダルト・チルドレンはこう語ってくれた。「わが家で何か問題があったとき、父がまずやるのは、張本人を見つけることでした。それで家中が混乱しても、父は誰かを非難して、しばらくわめかなくてはならないのです。時間をかけた話し合いも問題解決もありませんでした」。

ゆきづまった親は権威の誇示という脅し攻撃に出るが、そこで見せてしまうのは日頃から自分を支配しているパニックや恐怖なのだ。脅しが未遂に終わってしまうと、再び子どもは、何事も変わりはしないと告げられる。自分の意見や気持ちを口に出す恐怖に邪魔され、家族メンバーは十分な話し合いや交渉をして事態を変えることができない。沈黙が不賛成や怒りを表現する手段となる。最も強い立場にいる者が強権を発動して（暴力もあり）、秩序回復し、問題はまたも潜行し、後日の再浮上を待つことになる。

これが、アルコール依存の親をもった子どもが目の当たりにするモデルなのだ。成人後の生活に向けてこの程度のささやかな用意しかもたない彼らは、対人関係で、職場で、やがては子育てでもこのパターンを繰り返す。

## アダルト・チルドレンが親になると

自尊心が低い、外に目を向ける、自分の気持ちがわからない、または表現できない、援助を求められない、極端に走る思考。これですべてが網羅されているわけではないが、アダルト・チルドレンが良い親になろうとしたときに感じる問題を検証する枠組みにはなる。

自尊心の低いアダルト・チルドレンは、こうだったらいいのにと子ども心に願った家庭設計を心に秘めて、親になる時期を迎える。これをやり遂げればもっと自分に自信がもてるという前提がそこにはある。親のようにはならないと決意することもある。物質依存などの深刻な機能不全が自分になければ、これらの目標も部分的には達成されるかもしれない。

クラウディア・ブラックの著書のタイトル『私は親のようにならない』は、アルコール問題家庭で育った子どもたちのモットーであるとともに、親とは違う生き方をするという決意表明でもある。不幸なことだが、家族のパターンを変えてアディクションを根絶したいという強い動機があるにもかかわらず、彼らの情報源となるのはテレビや本の登場人物、もしくはご近所や友人の幸せそうな家庭像や現実にない幻程度のものなのだ。

かつては「オジーとハリエット」「うちのママは世界一」「パパは何でも知っている」(訳注　いずれも一九五〇〜六〇年代のテレビドラマ)が、正しいやり方を知る「健全な」人びとの代表となっていた。不幸なことに、オジーが勤め人でなかったことに気づく人はなく、アダルト・チルドレンは、ほとんどストレスのない完璧な家庭がそこにはあると思い込んでしまった。ドラマのなかの彼らは、懸命に努力さえすれば、どうすればいいかがわかるのだ。多くのアダルト・チルドレンが知性とサバイバル能力を駆使して作り上げた家庭は、彼らの育った家庭と外見上は似ていなかった。酔っぱらいも、大声をあげる人も、殴る人も、出ていけと脅す人もいなかったのだから。

見かけの修正を求められる領域ではうまくこなせる彼らがコントロールできないある変数、それは子どもや配偶者に対する内面的な反応だ。

ヴァージニア・サティアは『家族療法の結合』(*Conjoint Family Therapy*)のなかでこう述べている。

「夫婦ともに自尊心が低くお互いの信頼もほとんどないとき、彼らが子どもに期待するのは、親である自分たちの自尊心を高めてくれること、自分たちの延長となること、そして、その夫婦関係においてきわめて重要な、苦痛をやわらげる機能を果たしてくれることだ」

彼らの自己評価の低さは、配偶者同士や親子間での気持ちのやりとりにはっきり表れる。現在の家庭を生育家庭と違うものにするため力を注ごうとすると、それが家族全体の参加を求める強い力となる。ほとんどの場合、そこには外部の人の目に映るイメージへの過剰な意識がある。「うちはいい家です」というメッセージが渡され、子どもたち(次世代AC)は、その行動や外見や能力によって世間にこのメッセージを届けるよう期待される。もし子どもがうまくやれば親の自尊心は高まり、少なくとも一時的には過去の克服に成功したことになる。もし子どもが失敗し、親の期待に沿えなかったら、親子ともども自己評価を失ってしまう。子どもは心の負担をずしりと感じるけれど、これを親の自己評価の低さと結びつけることはできない。代わりにアダルト・チルドレンである親の関心を好意と解釈して、自分の働きに対する注目をありがたく思うのだ。

## ダブル・メッセージ

次世代ACの葛藤を生むこの意思伝達法は、子どもの生活状態や成功への期待過剰と関心過多という形をとる、非常に微妙なものだ。ダブル・メッセージが与えられる理由は、アダルト・チルドレンである親が、言うべきことはわかっているが、自分はそのメッセージやルールどおりに生きられないためである。

混乱を呼ぶメッセージの例として次のものがある。

「自分らしくやりなさい――でも間違いなくやること」
「おまえのことを、とっても、とっても、とっても大切だと思っているよ」
「あなたの気持ちは気になるけど、もし聞いちゃったらやりきれなくなる」
「おまえに悩みなんかないのはわかるけどね、もし何かあったら、いつでも遠慮なく私のところへ来なさい」

アダルト・チルドレンである親は、「正しい」ことをやることで懸命に自分の愛情を示し、自分がしてやったその「行ない」に子どもは当然愛情を感じてくれると考える。ここで明らかに不足しているのは、親密になる能力、実際に何にも縛られずざっくばらんに愛する能力、そしてこの愛情を手放しで言葉と態度にすることだ。自尊心の低いアダルト・チルドレンは、自分の子ども（あるいはほかの誰でも）から拒絶されたり見捨てられたりしないかと怖がり、親の立場にいても防御態勢をとっている。

アダルト・チルドレンは外に関心を向けることで、「言いつけどおりにしなさい。私はできないけど」というモデルを見せながら子育てすることになる。親の立場から、子どもに非常に肯定的なことを言うこともある。

たとえば、「おまえにはすてきな人生が約束されている。気持ちのままにすればいい。いじめられっぱなしでいちゃいけない。おまえは何でもなりたいものになれるんだ」。

けれども、親の振る舞いが語るのは正反対のことだ。必需品である自尊心をもたない彼らは、周りの環境の犠牲者として生き続ける——年をとりすぎ、貧しすぎ、あまりにも無学で、世界が狭すぎるから、子どもにこうなれと言ったように自分を変えることはできないのだ。彼らの結婚生活ははた目には安定して見えても、精神的には死んでいることが多く、子どもに望む愛情も親密さも対話もない。虐待さえ見られる夫婦もあるし、少なくとも配偶者との関係は冷淡である。そんな生き方をしているにもかかわらず、子どもにはそうなってほしくないと切に願う。けれども、自分たちが見せているモデルのほうが言葉よりもはるかに重要だ。そのモデルとは、問題が消えてしまうのを待つことだったり、人の変化を待つことだったり、状況が整うのを待つことだったりする。こんな言い方をしながら。「クリスマスが過ぎたら……パパが新しい仕事につけば……夏になれば……

卒業すれば……もっとお金が入れば……」。

　休暇や休日、何か特別な出来事があって皆が幸せになり、結婚生活など人間関係の深刻な問題も解決されると期待するかもしれない。当然がっかりすることになるが、そんな気分も、次の「修復して」くれそうなものに目を奪われ、たちまち忘れられてしまう。

　子ども時代の苦痛や痛みを克服するという決意のなかで、アダルト・チルドレンは健全な家庭の言語（感情という言語は除いて）を習得し、家族システムが機能しているように見せるやり方を身につけるけれど、現実の生活はそれについてこない。その結果、わが家は大丈夫だと彼ら自身と子どもたち（次世代ＡＣ）を納得させようとしても、空回りの努力に終わってしまう。

　感情を見極め表現する能力の欠如が家族システムに及ぼす影響について記すなら、一冊の本では足りないだろう。アダルト・チルドレンは、親密さは決意しさえすれば作り出せると信じて夫婦や親子という人間関係に踏み込む。けれども、自分が感情を実感し、率直・適切に表現できないため、モデルとなって子どもに教えることはできない。こうあるべきだという感覚はあるから、子どもに向かって感情を表現しなくてはダメだと言うことはできるけれど、実際にその技能を示す能力がないため、その言葉も真剣に受け止めてはもらえない。

　親は、「おまえの気持ちを知りたい」と言う一方で、いざ子どもが自分の気持ちに正直になると、その場から離れていったり、話題を変えたり、アドバイスを与えたり、ことによると過剰反応を見せたりする。子どもは本来親の気持ちをかばうものなので、親の不快感や心の痛みを感じ取ったその子は、親に喜ばれることだけを表現するようになっていく。

たとえば、子どもが傷ついた気持ちを表現しても、そのたびに母親が心配そうな素振りを見せれば、もう進んで母親に言おうとはしないだろう。これは子どもの無意識の反応で、言葉にされることはめったにない。

## 子育てのなかで適切な感情モデルを見せられない

家族同士でお互いの気持ちを受け止め表現したいというアダルト・チルドレンの願いは、親として誠実に絆を作ろうとするなら、子どもに伝わるだろう。けれどもその努力も、親自身が拒絶や見捨てられる恐怖に繰り返し襲われることでくじかれてしまう。恐怖心をありのままに表現する代わりに、アダルト・チルドレンは慣れ親しんだサバイバル技能を使う。かつてアルコール依存が活発だった家庭で役立っていた、引きこもり、沈黙、怒りの爆発などだ。仕事や掃除、人の世話焼きといった強迫的な行動も、一見健全な苦痛の抑圧法として使用できる。

楽しい家庭作りの努力の一環として、親は家族ぐるみの余暇活動を利用して楽しさや喜びを生み出そうとする。アダルト・チルドレンは概して子ども時代に健全な娯楽や家族としての一体感に触れていないから、楽しいことをするときも極端に走ってしまう。「これは良いことなんだ。楽しいよ」という態度は、自分から進んでやりたい、子ども中心にしてほしいと思う子には必ずしも喜ばれない。

家族の一体感でさえ（アダルト・チルドレンの目で見ると、家族バラバラだったかつてのアルコール依存の家をしのぐ画期的進歩なのだけれど）、子どもには息苦しさととられかねない。たまには笑いがはじける楽しいひとときもあるだろうが、家族同士の集いの本当の喜びや心地良さはない。有無を言わせない堅苦しい雰囲気があるために、子どもは「さも楽しそうに」振る舞わなくてはならないと思い込む――だって、僕が楽しそうにしないとママやパパが困るから。

アダルト・チルドレンには援助を求める能力が欠けるため、子育ての仕方と家庭環境にも大きな影響が出る。アルコール依存のあった生育家庭「のようにしない」ため、彼らが大変な精神的投資をしてきたことを思い出さなくてはならない。彼らは、ここで作り上げた家庭が、自分の育った家と少しも似ていないと確信する必要がある。そのなけなしの自尊心は「みごとにやってのける」能力にかかっているのだから。

普段の家庭生活で問題が出てもアダルト・チルドレンは大げさに反応し、どんなささいなことも修正して事態を掌握するか、問題を否認するかになる。相談したり、外部の人に頼ったり、友人や専門家の援助を求めたりしたら、失敗をおおやけに認めたことになるのだ。子どもたちは、こういう問題を自分が指摘したり引き起こしたりしてはいけないと考えるようになるが、それよりも重大なのは、家族のイメージを守る必要に迫られることだ。イメージを壊したくないという欲求は、世間からよく見られたいというう わべの願望にとどまらない。アダルト・チルドレンである親の自尊心は「自分たちにもまた問題がある」という秘密の保持にかかっているのだ。

## 家庭の秘密

アダルト・チルドレンである親が何よりも固く守り通す秘密として、自分自身の家族史がある。アルコール依存だった親族の存在を、彼らの子どもたちが知ることはめったにない。よその家なら何の感情も伴わず意味もないさまざまな状況や出来事が、アダルト・チルドレンにとっては恥であり、きまりの悪いものになるのだ。たとえば、一時の経済的ゆきづまり、健康問題、離婚や再婚も、アルコール問題家庭では代々隠し通す秘密となる。

物質依存や共依存のある家族システムでは、皮肉にも、機能不全という恥よりも、人に援助を求める恥ずかしさのほうが強いのだ。回復期にある次世代ACの多くは、親に自分の回復の話を決してしない。恐怖心から打ち明け話をしない理由はいくつかあるけれど、一つには、援助なしではどうにもならない問題を自分が抱えているという恥の感覚がある。

すべてが順調であってほしいと願う彼らの親は、一か十か、白か黒か、善か悪かといった極端な思考に走りがちなため、もめごとの大部分を地下に葬ってしまう。その場での承認や許しを求める彼らは、抜本的ではない手軽な解決のほうを好むのだ。

暴言が飛び交う深刻なけんかをすると、そのあと遊園地に出かけたり、ピザパーティーをやったりするので家族全員の気持ちは慰められるだろう。その出来事はそれきり話題にされないし、それにまつわる感情も抑圧されてしまう。けんかになったときは、勝者と敗者、正しい者（たいていは最も支配的・虐待的な人）と正しくない者の存在がはっきりしている。アダルト・チルドレンである親は、自分の主張が通るかどうかが死活問題に思えるため、相手側が負けを認め屈服するまで食い下がる。

人の非難という問題も物質依存家庭のテーマの一つだ。家族システム内の極端な思考と自尊心の低さもまたここに反映されている。アダルト・チルドレンは自分自身の不安を正当化するためにスケープゴートを探し続ける。依存症家庭でよく見られるように、家族はことあるごとにあからさまに一方の肩をもち、同じ人に味方する。悪玉と善玉が決まっていて、誰がどちらなのかを全員が知っている。一度レッテルが貼られてしまうと、期待される行動パターンから抜け出すのはとても難しい。

## まとめ

アルコール問題家庭で育った子どもが受けるダメージについて、物質依存の研究分野でははるかに認知が進み、メディアを通じて一般市民の関心も引きつつある。けれども、私たち自身の否認から、こうした悪影響は主に飲酒行動が身近にあった結果であるという考えが導かれていた。この手に余る行動・情緒パターンが続いていくことは、自身はアルコール依存ではないその子どもたち（アダルト・チルドレン）によって立証されてきている。

自分の生育家庭とは違った家庭を作ろうとするひたむきな努力の過程で、アダルト・チルドレンは見るからに良くない行ないを排除し、健全そのものの外観を作り上げる。無条件の愛情や率直な感情表現といった必須要素に欠けるため、彼らの子どもたちは人生に対する下準備が不足し、したがって成人後の生活で同じ否定的なパターンを繰り返すことになる。右のアダルト・チルドレンの特質が良い子育ての障害物となり、もうひとつの共依存の世代――次世代ＡＣ――を育てていく。

# 第2章　次世代ACとはどんな人たちか

次世代ACの人たちと個人面接を行なって、六人の体験談を聞くことができた。彼らは、それまでは自分の生育家庭の力学を説明するときに、まるで誇張しているような、あるいは「でっちあげている」ような気持ちにならずにいられなかった。良い家族のイメージを守るために家族の結束が必要と思われる一方、心のなかでは根本的な間違いがあったと感じていたのである。

治療を受けていないアダルト・チルドレンである親にどんな育てられ方をしたかを語り合って過ごす時間は、私自身にも彼らにも癒やしの時となった。本当の間違い、そして現在の個々の問題はアダルト・チルドレンである親の問題と関係のあることが確認できて、気持ちが楽になり肯定的になれたのだ。アンケートへの回答（第3章に要約）を依頼した次世代ACのほぼ全員が、調査面接に同意してくれた。この反響そのものから、次世代ACである自分たちの話をしたい、人に知ってほしいという思いが伝わってくる。お会いすることのできた方々は、自分の話が同じ仲間に届く本に収められるなら是非にと、進んで掲載を許可してくれた。

## ジョアンヌ

二十八歳の女性ジョアンヌは、ＯＡ（過食症の自助グループ）の十二ステップ・プログラム参加がきっかけになって、ＡＣ治療を知った人である。彼女は、治療期間中、ＯＡのミーティングで聞いたアダルト・チルドレンたちの率直な話が自分のことのように思えたと語った。その人たちはアダルト・チルドレンの特徴を挙げた「長いリスト」（ジャネット・Ｇ・ウォイティッツの著書『アダルト・チルドレン』に、二十六項目にわたる解説がある）の話をしていたのだ。両親は強迫的な過食症だったから、自分の生活への影響も似ているはずだと彼女は考えた。自ら人間的成長に取り組んでいたジョアンヌは、友人たちからＡＣ治療を勧められ、そのアドバイスに従っていた。アルコール依存が家族と自分の生活に直接与えた影響にジョアンヌが気づいたのは、その入院治療に入ってからだった。

過食に伴う問題からは回復しつつあったけれど、自分には人間関係の問題もあり、さらにうつ状態と不安感に苦しんでいるとジョアンヌは語った。自分は自己評価が低く、感じることのできない人間だと彼女は説明する。ＯＡに参加したかいあって原家族との関係は改善に向かってはきたものの、いまだに苦痛と緊張を伴っていた。

ジョアンヌには現在親密な交際相手はいないけれど、二年間の同棲経験と、それ以後、短い「とてもつらい」関係をいくつか経ている。そろそろ家庭をもたなくてはという心理的プレッシャーを彼女は多少感じていた。その準備はできているとも自分にできるとも思わなかったけれど。選んだ職業には満足していたが、自分はずっとダメな人間だという気持ちをもっていた。ジョアンヌは九人きょうだいの三番目で長女。兄弟が三人と姉妹が五人、そして自分のことを「忘れられた子ども」と表現した。母親はアルコール依存の父をもつアダルト・チルドレンだった。家族の間でそれはアルコール依存として話題に上ったことはなく、こんな具合だった。「いつも笑い話になっていました。おじいさんは毎日のように酒場からかつぎ出されていたんだよと……仲間に迷惑をかけるのがいつものことだったんです」。ジョアンヌは、父方の祖父もまたアルコール依存に違いないと考えているが、アルコール問題家庭でよくあるように、それが直接言葉にされたことはなかった。彼女の父親の機能不全の行動はアダルト・チルドレンのそれと酷似している。

彼女は父親のことを、極端に厳格でいつも「正しい答え」を知っている人と表現した。「私たちは、父のように考えたり感じたりするものとされていました。何かで私が意見を言ったとき、父から顔をひっぱたかれてこう言われたのを覚えています。『そんなおかしな考えやおかしな思いつきはしないでほしいね』と」。父親は独裁的で、「だんまり、引きこもり、落ち込み、爆発、身体の不調、泣き言」という手段で家族を牛耳った。酒も飲まずドラッグにも手を出さない人だったが、めったに感情を見せず、食べ物と仕事が慰みだった。

ジョアンヌの母親は、受け身で子どもの相手をしてくれない人と説明された。

「手術や出産といったもろもろの事情から、母はずいぶん病院通いをしていました。私が初潮を迎えたとき、母は家にいませんでした。恥ずかしくて人に知られたくなかったし、母から本当に見捨てられたような気がして、そばにいてほしいと思いました。私は本当におびえていました。知らないことだらけだったので。誰にも教わっていなかったのです」

ジョアンヌの母親はもっぱら夫の顔色をうかがい、波風を立てないようにと、子どもに食事や着替えをさせ、しつけをして、子どもたちが「おとなしくいい子で」いるよう努めていた。夫に対する怒りのはけ口が見つからなくて、子どもたちに対する平手打ちという形になった。ときには陽気な一面も見られたけれど、深刻さのほうが好まれる空気のせいで、すぐ引っ込められてしまう。世間的にはジョアンヌの一家は、普通もしくは平均より上と言ってもよかった。家のなかにはどんなアディクションも見られない。ジョアンヌによれば、「敬虔なカトリックの家で、幸せで、いいものを食べ、いい服を着て、良きにつけ悪しきにつけ結束の固い家でした」。

一家は週末に屋外で過ごすことが多く、散歩をしたり、ハイキングに行ったり、冬にはスケート、夏には車で遠出をした。こうした家族ぐるみの活動の先頭に立つのは父親だったけれど、それが楽しいからというよりも、そうするものだという考えからやっていたようにジョアンヌには思えた。こうした活動は全部父親のやりたいことに集中していた。子どもたちは時折、父親から「いじめに近い」ことをされている気がした。たとえば、週末の一日がかりの自動車旅行など、やたら時間がかかってくたびれきってしまう。日曜には家族全員教会に行くよう強制され、なぜそうするのかという話もされなかった。

外に向かって映し出された「幸せな一家」のイメージとは裏腹に、ジョアンヌは一人ぼっちで不幸せだと感じていた。

「悲しんだり泣いたりしちゃいけないという意識があったと思います。いつも一人きりでそうしていましたから。支えも慰めもありませんでした」

大家族だったにもかかわらず、ジョアンヌもきょうだいも、お互いの前で泣いたり感情を見せたりしなかった。父親は、怒りを爆発させて、げんこつを振るい大声を上げたかと思うと優しく穏やかになり、皆がさっきのことを水に流してくれるよう期待した。ジョアンヌは忘れはしなかったが、しかしまた事を荒立てたくなかったので、そのことには触れなかった。抑圧された怒りは父への憎悪となっていき、それを隠すと同時に罪悪感をもった。

ジョアンヌの反抗の仕方は家事の手伝いを拒むことだった。どんな反抗に対しても、父親は「傷ができるまで」ベルトでぶつことで応酬した。身体的虐待に対する恐怖から、ジョアンヌはますます忘れられた子の役割にはまっていった。むしゃくしゃしてくるといつも、怒りは沈黙に置き換えられた。

真の共感や愛情や親密さは家族の間になかったにもかかわらず、笑いはあったし、外見上は楽しい生活だった。仲の良い家族という見かけをよそに、ジョアンヌはいつも距離を感じていた。父母の間の溝を観察し、決してあのようにはなるまいと誓った彼女は、現在こう述べる。「私にはいつもすごく変に見えたので、ああいうふうにはならないと言ったのですが、そうなってしまいました。そして、いつもそれ（孤立）はあったのです」。

ジョアンヌの家族はごく普通のことを一緒にやり、笑ったり遊んだりもしたけれど、家族の間にもほかの人との間にも真の絆はできなかった。将来の人間関係のモデルとしてジョアンヌに差し出された父母の結婚生活は、依存の一形態であり、またバラバラでしっくりいかない関係のモデルでもあった。共感も情愛も、問題の解決の仕方も目にする経験のなかった彼女は、思春期を過ぎ大人になって、これらの機能不全パターンを繰り返している自分に気づいたのだった。

面接が行なわれたのは、アダルト・チルドレン対象の五泊六日の治療終了後だったが、そのときにはジョアンヌの気持ちはずいぶん軽くなっていた。自分だけではなかったから。うちの家族は代々アルコール依存の影響を受けてきたのだとわかったから。

「すごくほっとしています。いろいろなことがわかってきたので。それ（共依存）が何なのかわかったし、援助してもらえること、良くなれること、一生不幸なままでいなくてもいいということ、それに、あそこにはいい人が大勢いて、同じ問題を語り合って一緒にやっていけるということも」

AC治療に入る以前、ジョアンヌはその場になじめないのではないかと恐れていた。自分の親はアルコール依存でなかったから。「ここに来るのは本当に怖かったのです……受け入れてもらえないだろうと思って。両親の話ができるなんて考えてもみませんでした。わかってもらえると思えなくて……でも予想以上によく理解してもらえました」。

ジョアンヌは回復に取り組んで気づいたのである。時間のかかるプロセスではあるけれど、なりたい人間に自分はなれるということに。

## メリッサ

メリッサは二十四歳で、ＡＡでの断酒歴三年、アルコール依存から回復中の女性である。両親に物質依存はなかったけれど、アルコール依存だった父方の祖母のいる家で育っている。メリッサがアダルト・チルドレンのプログラムに治療を求めたのは、自分もアダルト・チルドレンと変わらない、この問題は家族のアルコール依存と関係があると考えたからだった。

メリッサは独身だったが、過去数カ月間、ある男性と真剣に交際していたことがある。これ以前にも非常に機能不全な異性関係を三度経験しているとのことだった。十六歳の時につきあっていた十歳年上の男性は、言葉の暴力と身体的暴力を振るう人物で、彼女は鼻の骨を二回折られた。三年以上その関係をひきずっていた。当時は二人とも酒浸りだった。

ほかの男性との数週間に満たない同棲経験もあったが、メリッサの表現によると、その男性は「すてきだけど退屈な」人だった。彼はアルコール依存の親をもつ人で、自傷癖があった。七カ月後にその男性と別れ、その時点でＡＡに入って回復にとりかかったのだった。

異性関係が彼女に残したのは、三度にわたる妊娠中絶と手に負えない不安発作だった。この心気症のおかげでついに援助を求めるに至ったのである。慢性のうつ状態に苦しんでいたその状態を、彼女は「何となく不幸せな気分」と表現し、いいことがあっても関係なかったという。

メリッサは長女で、弟が一人いる。弟（一歳下）もまたアルコール依存から回復中で、メリッサよりも一年早く断酒を始めている。姉弟は父方の祖母の家で育てられたが、祖母はアルコール依存で虐待的な行為をする人だった。

メリッサの母親は教師だったが、父親のほうは働くことのできない人と説明された。身体に障害があったわけではなく、雇い主とうまくやれなかったのだ。学校で同級生たちを前に父親の職業を聞かれると、メリッサは作家だと言った。職に就いていない父親のことでひどくきまりの悪い思いをしていた彼女は、家族をかばうようになった。父親は全然情緒的に機能しないし、母は無力で受け身だと彼女は言う。「私たち子どもに声をかけてくれる人は一人もいませんでした。宿題をしなさいとか、寝る時間だよとか、朝ご飯をちゃんと食べなさいとか、夕ご飯を食べてしまいなさいとか言う人も、一人もいませんでした。なんにも、どんな指示もなかったんです」。

メリッサの日頃の生活環境は無秩序で虐待的だった。そこにはしつけもなく、情愛もなく、子育てらしきものもなかった。

メリッサの父親もアルコール問題家庭で育っている。両親は彼が五歳の時に離婚。機能的なアルコール依存だった母親は懸命に働いて家族を支えたが、毎日のように酒を飲み、メリッサの父は「毎晩ぼこぼこにされていた」。

息子の子ども時代から成人期に至るまで、母親は数多くの男性とつきあってきたが、一人残らず機能不全だった。父親のほうもアルコール依存と共依存を抱えていて、しょっちゅう妻から暴力を振るわれていた。一人息子だったメリッサの父は、母親との絆を保つ義務があると感じた。やがてそれが自分の人生と妻子に悪影響を及ぼすことになるのだったが。メリッサの父は強迫的なギャンブラーとなり、慢性のうつ状態になって、父親としても夫としても機能しなかったのである。

メリッサは自分の母親のことはほとんど知らなかったが、厳格なカトリック教徒になるべく育てられ、妊娠していやいや結婚したという話だけは聞いていた。メリッサの母親は娘に、もしできれば中絶していたんだけど、と語っていた。この妊娠によって生を受けた望まれない子であるメリッサは、後に虐待を受けることになる。彼女には母親とのスキンシップの記憶がない。

メリッサの祖母の度を越した飲酒には、両親とも気づいていたし認めていたのだが、それと向き合おうとはせず、夫婦げんかをするだけだった。そこを出て親子水入らずで暮らすという選択肢は考慮されなかった。祖母の飲酒はメリッサに、言葉の暴力や身体的暴力という形で直に影響を与えた。

やがてメリッサと弟は祖母をいじめたりののしったりするようになって、一度は卵を投げつけたことさえあった。

母親は、メリッサと弟がまだ小さい時分に家を出たいと思っていたが、いつも決心を先送りする理由を見つけていた。子どもたちは、母親には家を出たいとせがみ、父親にはあからさまに侮辱の言葉を吐いた。父親をののしったりからかったりするのが、姉弟に残された手段だった。けんかや侮辱はメリッサが八歳になるまで続いた。すべてが変わってしまった事件を彼女は回想する。

「父がいきなり時限爆弾になって私を吹っ飛ばしたんです。皆でテレビを見ながら楽しく過ごしていたときでした。私はお父さんにフケがあると言ったんです。私は椅子めがけて投げ飛ばされ、たたきのめされののしられ、殺してやるとまで言われました。ママは私と父を引き離さなくてはならなかったし、それから五カ月、父は私と口をきこうとしませんでした」

この一件以来、メリッサはおびえとともに暮らすようになった。それまで彼女にも弟にも限度というものが示されていなかった場所で、この事件以来、暴力が彼女を縛りつける脅威となった。彼女は二度と、感じるところ思うところを気ままに口にできなくなった。何も変えられないという無力感から極端な行動に訴えるようになり、薬物やセックスという手段で逃避した。

メリッサのアディクションが進んでいく間、両親は事態を和らげようとして、娘に、おまえのことが心配なんだよ、どんな悩みでも言ってきなさいと伝えた。彼女は父母を信用せずなおも反抗した。思春期の彼女を時々精神病院に入れるのが、両親のとった解決策だった。

メリッサがAAに参加するようになって親子関係は進展したが、まだごく表面にとどまっている。自分のことにも投げやりだった両親は現在、皮肉にもスポーツマニアになり、テニスやエクササイズなどをやっている。息子とは、つい先日、一家そろって結婚二十五周年を「祝う」ディナーに行くまで、二年間口をきくことがなかった。

メリッサも今では弟と親しくつきあっているが、彼のことを本当に知っているという気はしない。「普通」とは何かという感覚はないけれど、自分には専門家の援助とＡＡがついているから、成長を続ければやがて健全な生活ができるという明るい見通しをメリッサはもっている。現在、福祉職に就こうとしている彼女は、人に与えられる用意ができたら共依存の人たちにも手を差し伸べたいと考えている。

## ハリエット

ハリエットは五十三歳。アルコール依存からの回復期にあり、父方の祖父もアルコール依存だったことが最近わかった人だ。このことを突き止めるまで、ハリエットはアルコール依存は「よその」人たちの病気だ、自分は弱い人間だからそうなったのだと思い込んでいた。親戚にアル中はいないと聞いていたハリエットは、ＡＡの友人たちと違って、アダルト・チルドレンと名乗ることもできず、アルコール依存はまったく自分の責任だと感じていた。

家族の歴史をひもとくことで、ハリエットの人生に大きな癒やしがもたらされた。両親が亡くなったときに始めた断酒はもう六年続いている。

ハリエットは現在独身で、かつて小学校教師をしていた。結婚歴や男性との親密な交際経験はない。自分はいつも気楽に過ごしてきたし、今もそうだと彼女は語る。二人きょうだいで、七歳下の弟がいる。彼女の表現によれば、アダルト・チルドレンだった父親は優しく愛情深くて自分を支えてくれた一方、母親のほうは怒りっぽくてそっけなく冷淡だったとのことだ。子ども時代のつらさの原因が父親に少しでもあるとは認めにくいと、彼女はためらいなく告白する。娘の目から見た父は、常に一家の「いい人」だったから。

外部的には、高校の理事を務めていた父のおかげで、一家は地域でも大いに敬意を払われていた。父母は共に社交家で、トランプのブリッジを楽しみ、地域団体や教会にも所属していた。休日といえば家族連れで海辺に行き、キャンプや釣りをした。ハリエットによれば、家族での小旅行にはたいてい母親の未婚の妹二人が同行していたという。ジョアンヌの場合と同じく、ハリエットの父親も日曜に車で遠出する計画をよく立てていたけれど、娘の感想もよく似ている。父親は、誰かがそれを楽しんでくれるからというよりも、そうするものだという考えからやっていたように感じたという。

これとは対照的に、ハリエットは心の乾ききった生育環境についてつらそうに語った。衣食住に関しては十分すぎるほど十分だったけれど、彼女の記憶にあるのは、四つか五つの頃に母親から愛されていないと気づいたことだ。父親は、不十分な養育を埋め合わせるため極端に気をつかうようになり、彼女と弟の面倒をみる役目を引き受けた。

ハリエットは、反抗と弟への激しい嫉妬を通して、家庭内で抑圧された感情を行動化するようになった。身体的暴力を含んだ弟への怒りに満ちた振る舞いを、彼女は罪悪感とともに思い起こす。

議論はずいぶん行なわれたけれど、お互いの気持ちを語り合うことは一度もなかった。ハリエットは両親や弟の前で泣いたことはなかったし、また家族の誰かが泣くのを見たこともなかった。ふれ合いも情愛表現もなかった。隠しごとの気配だけがあり、話し合いはまずなかった。ハリエットは、自分がティーンエージャーだった時の父の浮気を思い出した。父親はあまりにも思慮がなく、ときには妻のいるところで相手の女性と会っていたのである。彼女が覚えているのは、母親はその女性を好いていなかったのに、両親の間でけんかも話し合いもなかったことだ。そんな状況は嫌だったのに、ハリエットも父親にそれをたずねはしなかった。

ハリエットがはっきりと思い出すのは、母親の冷たさとよそよそしさである。母方のアディクションについては知らないとのことだったが、母親の妹たちは「クレイジー」と呼ばれていましたと彼女はしきりに口にした。一緒に過ごす時間が異常に多かったという意味で、母の妹たちとハリエット一家はもつれ合った関係だったが、そういう家にいる女性は概して、嫁ぐこともないし外の人と親しくつきあうこともないのだ。

母親の二人の妹たちは近所に住んでいて、一九六五年、六六年に亡くなるまで家族の一員だった。その後、母娘の関係は以前よりも近くなり、やがて母の死を迎えるが、ハリエットが断酒を始めたのは母親が亡くなって間もなくのことである。

子どもの頃の自分は母親を喜ばせるのに必死だったと彼女は語る。「子どものとき、母に『どうして何か言ってくれないの？』と言っていた自分を思い出します。なぜ私に向かって怒るのか知りたくてたまりませんでした」。母親の反応は、前にも増して心を閉ざすことだった。一度母からぶたれたことがありました、と彼女は思い返す。「お父さんが猛烈に怒って、二度とハリエットをぶつんじゃないとお母さんに言ってくれたので、もうそういうことはありませんでした」。

父親との関係はずいぶんましだったけれど、ハリエットは父に対しても親密さを感じたことはなかった。子どものころの記憶では、父親が自分のために間に入ってくれたことは多かったけれど、それよりも、気持ちのうえで求めていたのに父が応えてくれなかったときのほうが多かったのである。

真心はあっても絆を作れなかった父の姿を映し出す出来事があったのは、ハリエットのカレッジ在学中のことだ。彼女は、カレッジ生活で初めて家から離れホームシックになった気持ちを手紙で打ち明けたけれど、折り返し届いた手紙にあったのは、お父さんはどんな形でもおまえの人生に干渉しようとは思わない、もし何か悩みがあったら神に祈るべきだというアドバイスだった。手紙とアドバイスそのものは心遣いの表れだったけれど、ここでもまた支えになってやろうとは言い出せない父だったのである。

寂しく孤独だった当時を思い返して、いまハリエットは喪失感を感じる。気づいてみると、自分には親密な関係をつくる能力がなく、ＡＡ内でさえ打ち解けない人で通っているのだった。最近になってアディクションと共依存の治療を受けた彼女は、この生活パターンは変えられるという明るい見通しをもっている。

## スティーヴ

四十六歳のスティーヴは、すでに二年間ＡＡでの回復に取り組んできた。妻との別居をつづけて六年、離婚の可能性を考えると胸をかきむしられるような思いがする。二十代の子どもが三人いる彼は、コカインとアルコール依存はあるもののビジネスマンとしては優秀だった。回復に向かう現在、転職して、アディクションをもつ人のカウンセラーになることを考えているところだ。

断酒して間もない時期の落ち着きを見せるスティーヴではあるけれど、つらい過去の掘り起こしは怖くてできず、回避したまま現在に至っている。

スティーヴの父親は、アルコール依存の父をもつアダルト・チルドレンだ。三十代でイタリアから移住してきた祖父に、スティーヴは会ったことがない。この祖父がアルコール依存で亡くなったことは家族の間では周知の事実だった。母方の祖父もまた「大酒飲み」で通っていたが、アルコール依存だったという確信はスティーヴにはもてない。その子どもや孫の代がこうなった原因がそこにあるという話は、一度も出たことがない。

スティーヴは五人きょうだいの四番目で、妹が生まれる十一の時まで末っ子として過ごした。彼は家族のマスコットとしてちやほやされ、父親がいないときは兄姉がほとんどの面倒をみてくれた。兄や姉からはずいぶん甘やかされたと彼は感じている。いろいろな物をもらったし、いつも一緒にいてくれたから。兄や姉は、自分たちとは違う育て方をしてくれたとスティーヴは信じている。彼のきょうだいは現在、一人を除いて全員が、アルコール依存の人と暮らしていたり、本人がアルコール依存だったり、アディクションのある子をもったりしている。

生育家庭を説明するなかでスティーヴが見せてくれたのは、まったく対照的な二つの像だ。母親を回想するときに心に浮かぶのは、気持ちが素直に表現され、笑いを共にする、一体感にあふれた家庭である。

彼はきっぱりと言う。「母ほど献身的で思いやりのある人にはお目にかかれないでしょう。僕たちの知る母は、家族に対していつも献身そのものでした……自分は何一つ求めませんでした。母はりっぱな女性です」。

父親の話になると思い起こされるのは、虐待、批判、怒りによる支配だ。「父は家族という義務を負ったことに憤懣《ふんまん》をもっていました。そのことを、父はわからせたかったのです……おまえらを養うために俺はこんなにも自分を犠牲にしてきた、そして（父の言葉によれば）おまえらにその価値はないんだと。これに対して、僕はただ父を避けるだけ。僕にとって父はいなかったのです」。彼の父親は遊びや娯楽を許そうとせず、一家でのクリスマスのお祝いさえ「意味がない」と言ってさせてもらえない時期もあった。子どもたちは、スティーヴが殉教者と表現する母親に守られ、父親がそばにいないときを見計らって皆で楽しく過ごす工夫をしたのである。

過去のことを振り返って、スティーヴはこう言う。「残念ですね。あんなふうだった理由がわかるにつれ、きょうだいについても自分についても喪失感を感じます。僕の一家は家族としての才能に恵まれていると信じてます。うちはまさにいい家庭だったんです」。

ほかのアダルト・チルドレンの生育家庭の説明と同じく、スティーヴの一家も世間には明るいイメージを与えていた。「うちはすごく評判のいい家族でした。皆友人がたくさんいたし、いとこたちにもわが家は人気がありました。うちは一番人気の家族だったんです。本当に起きていることは人に言いませんでした」。

十歳の時、スティーヴは父への反感をさらに強める家庭の秘密を知った。母親が誰かに、夫にはほかに妻が何人もいると話すのを立ち聞きしたのだ。

スティーヴはこう打ち明けた。「家族で最初に知ったのが僕でした。外国に兄姉がいる、そしてカリフォルニアにはまた別の家族がいることも突き止めました。そこには二人子どもがいました。父は面倒くさがって離婚すらしなかったのです」。

スティーヴは今日までこの秘密を守り抜いて、固く口を閉ざし、兄姉に話すことも父母に問いただすこともしなかった。彼は、この一件が大人になった自分に落とす影を気にかけ、また恐れてもいる。多くのアダルト・チルドレンがそうであるように、スティーヴもまた、父のようにはなるまいと固く決意したけれど、夫となり父親となっていくなかで、軽蔑していた行動パターンをそのままなぞっている自分に気づいた。

スティーヴの結婚相手は、彼の表現によるとこんな人だった。「ちょうどうちの母のような女性で……彼女の育った家はとても温かくて、まったく正常に機能していましたが……彼女がなぜ自分に自信がもてなかったのか、僕にはわからない。文句なしの子ども時代、文句なしの両親だったのに」。

スティーヴの妻は、夫のアディクションが良くないことだと知っていながら、それと向き合いはしなかった。彼女は、必要とあらばこの結婚生活に人生を捧げるつもりだった。スティーヴは、自分の父というモデルにならって支配的で怒りっぽく虐待的になっていった。どんな感情も素直には語れない彼だったが、怒りだけは例外だった。

彼と子どもの関係は、心の支えや愛情を与えるどころではなく、権威的で支配的だった。よく自分の父が引き合いに出されて、彼はひどく傷ついた。子どもに対して厳しすぎたようだと彼は考えているけれど、自分の父という貧しい手本しかなかったにもかかわらず、子育てにかけてスティーヴは父親以上の仕事をした。やがてスティーヴは父親がしたように浮気を始め、そこにコカイン中毒が加わって家庭は崩壊した。

ここ二年間のアディクションからの回復は、スティーヴにとって決して楽な道のりではなかった。彼はAAを活用し、十二ステップ・プログラムのおかげで子どもたちとの関係も自己評価も大きく進展させることができた。結婚問題についてはまだ考えが定まらず、また、つらかった子ども時代に目を向けたら出てきそうな感情を恐れてもいる。

# ロイ

二十九歳のロイは、自分を「仕事恐怖」と表現し、職歴はごくわずかしかなく、しょっちゅううつと不安になり、買い物依存と薬物依存があるという。大部分は回復にさしかかっているところだが、先に問題が控えていることもよくわかっている。ロイの先々代にはアルコール依存の人がいる。

彼の母親は、非常に虐待的なアルコール問題家庭で育った。つい一年半前、母親が亡くなるまで、彼はこのことを知らなかった。彼と弟妹の世話は、ロイが六歳の時に亡くなるまでこの母方の祖母にゆだねられていた。祖母のことを彼は、すごく短気で「鉄拳制裁をする」人と表現する。ワーカホリックの彼の父親は、機能不全家庭で育った。これは何代も前から営まれてきた家業のなかでのワーカホリズムと関係しているかもしれない。

ロイの両親は小さな町でケータリング業（料理宅配業）を営んでいた。その一帯にこういう業種がなかったため、知名度も高く敬意を払われていた。よく働き、子どもの面倒をみて、くだらない遊びなどやらない、それが良い家庭というのが父母の信条だった。

母親が父親に向かって、働きづめで楽しみのない生活だとこぼしていたのを、ロイは思い出す。結婚後、いやおうなしに商売に関わるようになったことで母親は大きな不満をもっていた。彼女の腹立ちをよそに仕事中心の生活が続き、夫婦で家業を維持する一方、子どもたちの世話はお手伝いさんや親戚に任せていた。家族そろって過ごす機会などめったになかった。

ロイは父親のことを、「世をすねたおとなしい皮肉屋」で「無言の虐待」をする人と表現する。父親は、子ども、特に息子たちに非常に大きな期待をかけ、彼らがそれに応えられないとさんざんこきおろした。

ロイは四人きょうだいの末子で、シャロン・ウェグシャイダー＝クルースの著書『もう一つのチャンス』（*Another Chance*）に詳述される、一家のマスコットのパターンそのものである。上と七つ違いの末っ子として、ロイはかわいらしくおしゃまな子どもになるべく育てられた。彼は知能がずば抜けて高く、両親や兄姉はその資質が娯楽になるとわかると、しょっちゅうやってみせるよう注文した。

彼はこう説明する。「僕は見世物みたいでした。サーカスだったんです。サーカス団のロイが、ちっちゃな舞台に上げられて掛け算をしてみせる。三歳の時、レポート用紙をあてがわれて計算をしてみせたのを覚えています。一個も間違いがなく、やんやの喝采をもらうことで、僕は欲しかったものを手に入れたんです」。

マスコットだったロイは、あまりしつけもされず、したい放題ですくすくと育った。この反動で、学校に入ると落ち着きのない問題児になり、授業中もじっと座っていられず、やることはでたらめでだらしなく、同級生を混乱させた。

機能不全家庭という背景をもつ彼の両親には、自分たちの求める健全な家庭を作り出す手立てがなかった。父親の言葉をロイは思い出す。（テレビドラマ「メイベリー一一〇番」を指しながら）「おまえがオーピー（訳注　アンディ・グリフィス演じる保安官の息子）みたいだったら、すごくいいんだけどな。どうして、オーピーみたいになれないんだ？」。

彼には双子の兄姉がいたが、この二人は学業成績と人気で家族に自尊心をもたらした。ロイにはそれができなくて、抑圧された感情を行動化するようになった。ある時点で自分で手に負えなくなり助けを求めたが、家の人はカウンセリングを受けさせようとしなかった。

情愛表現がなきに等しいロイの家庭では、代わりに物質的なものを通じて愛情が表現された。子どもたちは夏になると、新学期が始まるまでキャンプに送り出された。ロイはキャンプという組織立った活動には耐えられないので家にいたいとせがんだけれど、両親は、これが商売がら家を空けている自分たちが息子にできる何よりの配慮だと信じていた。ロイが小さかったとき、両親はお金で言うことをきかせようとし、物で釣って手なずけようとした。後年、経済的援助をカットされたときにロイが頼った手段は、親の財布に手をつけることだった。

ロイの高校在学中、家のなかは荒れてきた。かつて怒りっぽかった母親は重いうつ状態になり、虐待的になった。薬を使うようになり、睡眠薬と精神安定剤でしのいでいた。

ロイは思い返す。「母は、ずっとベッドに入ってテレビを見ていたものです。そうでなければ完全なヒステリー状態になって、叫んだりわめいたり。『私の青春をどうしようっていうの。さっさと墓場へ行けっていうの？　もう我慢できない、私に何をしてほしいの？』。それはいつも自分、いつだって母自身のこと、母がしてもらうことでした。人にも悩みがあるかもしれないなんて認識はありませんでした」。ロイは十六歳になるまで、母親から身体的虐待を受けていた。ロイに殴り返すぞと脅されるまで母親はやめなかったのである。

ロイの父親は強迫的に働き続け、家庭でどんな問題が起きても無視した。父との関係の説明にあたってロイはこう語る。「僕は父が大嫌いでした。お互いに嫌っていました。大きくなっていくにつれて、僕はどんどんダメ息子になっていったんです。僕が父の望みから遠ざかるにつれ、兄のほうはヒーローになっていきました。父が亡くなったとき、僕は幸せでした。僕のことを引きずり下ろして人間失格という気持ちにさせる、恐ろしい迫害者からやっと解放されたみたいで」。

ＡＣ治療に入る以前、ロイは自分を「まったく機能していない感じ」と表現していた。自分は共依存と薬物依存を抱えた家系の一犠牲者にすぎないという理解に､彼はさしかかったところである。現在のロイは、明らかな共依存の症状のほか、ドラッグとアルコールの乱用、買い物依存というアディクションと向き合わねばならない。責任ある大人の生活について学ぶことが山ほどあるのは不運とはいえ、専門家の適切な援助と健全なサポートシステムを得た彼は、回復への希望をもっている。

## デイヴィッド

デイヴィッドは個人開業のセラピストである。四十九歳の彼は三度目の結婚生活を送っていて、初婚時にもうけた娘が一人いる。母親はすでに故人となっているが、その父はアルコール依存だった。デイヴィッドの父親はアルコール問題家庭の出身ではなかったが、機能不全システム出身者の印がいくつか見られた。

母方の祖父がアルコール依存だった事実は、家のなかでおおっぴらに話されることはなく、「のんべえ」と表現されていた。父娘はべったりの関係だった。デイヴィッドの父と結婚する以前、彼女は優秀な看護主任だった。

父親の生家はアルコール問題家庭ではなかったけれど、デイヴィッドの叔父にあたる人や父方の親戚にはアルコール依存の人やその配偶者となった人が何人かいた。父方の親戚の言葉によれば、デイヴィッドの祖父は買い物依存で金遣いが荒かったという。

デイヴィッドが幼い頃、両親の酒量は多くはなかったが、彼が十歳を迎えた頃にはアルコールやドラッグを利用するようになっていた。デイヴィッドは一人っ子で、とてもつらく孤独な子ども時代を送っていたと説明するが、それは親の飲酒が始まる以前にさかのぼる。つい最近になってデイヴィッドは、アルコール依存と自分の家の問題に関連があることに気づいた。つい一年前までセラピストとしてアルコール問題の訓練を受けていなかったので、自ら専門家として集中セラピーを行なってきた年月にもかかわらず、それはまったく新たなる気づきだったのである。

デイヴィッドの父親は医師でワーカホリックだった。母親はずっと看護師をしていて、彼女の生活の中心は、夫のことと自宅での開業業務にあった。デイヴィッドによると、両親は自分たち夫婦の自画像をこんなふうに描いていた。「ケタ違いのすばらしい人間……最高のそのまた上。結婚生活はこの上なしで夫婦ともども働き者」。一家は地域社会で大きな尊敬を集めていたが、デイヴィッドはわが家の生活に欠けるものをよく知っていた。

彼の両親、特に母親のほうは配偶者に極端に深く依存しがちで、子どもがのけ者になるほどだった。父母の口癖はこうだった。「私たち二人は何があろうと離れない、お父さんはお母さんがいなくては何もできないし、お母さんもお父さんがいないと何もできない。今もこれからも、いつだってこういう具合で、二人の仲を裂けるものはない」。とても礼儀正しく道徳的なこの一家の中心を占めるのは、医薬品や患者たちや知的な議論だった。

息子の扱いは、望んだ子としてというよりも「一症例」に近かったとデイヴィッドは感じている。「母は私を抱いてくれませんでした。哺乳瓶を使ったのは三日だけ、あとはカップで飲ませたというのが母の自慢でした。母からトイレのしつけをされたのは、生後六カ月ぐらいの時でした」。

デイヴィッドの母親はセックス依存だったと思われるが、デイヴィッドは母親自身の性的強迫と自分のセクシュアリティーについてつらそうに語った。多くの近親姦被害者に見られるように、デイヴィッドも母親による性的虐待の影響を軽く表現する。

デイヴィッドの父親は、戦時中五年間、家を空けていた。日に何度となく夫宛ての手紙を書き続けていた母親は、依存対象をデイヴィッドに転じた。彼は母親の行動を振り返る。「私は自分が身体的虐待を受けたとは考えていませんが、情緒的ネグレクトはあったと思います。母は、非常に非常になまめかしい人でした。いつも、私がバスルームにいるのにそこに入ってきて、私の身体、特に性器を洗いたがり、それについて何か言いたがりました。母はまた、自分の身体のこともずいぶん話題にしました。私に性器を見せながら、何がどこにあるか全部説明して……」。

夜になると息子を寝具にくるみ、泣きながら、おまえをこんなに愛しているのよと訴える習慣を母親はデイヴィッドの成人後も続けた。

デイヴィッドは父親のことを、非常に冷たくて、人を批判するだけの怒りっぽい人物と表現する。「父は冷淡でそっけない人でした。外では親切で優しくて愛情豊かなドクターとして通っていましたが、家ではまったく違いました。母から血も涙もないと言われると、父はこう答えました。『私は医者なんだ、感じていたらやっていけない、感じたりしたら、めちゃくちゃになってしまう。私は傷ついたりしない、感じさせることなど誰にもできない、私は科学者だから』」。

極端に注意深く、開業医として慕われていた父親も、自分の息子の治療となると無慈悲な人間に変わった。デイヴィッドが何度か自傷行為を行なったとき、治療にあたったのは父親だったが、かなり痛みを伴う傷の縫合を麻酔なしで、代わりに舌圧器をかませて行なったのである。ほかの患者にこんなことはしなかった。デイヴィッドは父に恐れを抱くようになっていったが、なおも承認を求め続けていた。

デイヴィッドの両親はいっそう仕事に打ち込むため、息子の世話を十二歳の少女に任せた。彼が赤ん坊のときから住み込みで働いていたこの少女と、知的障害のある年長の家政婦が、この家の主な保護者だった。

食物は愛情と養育の代用として極端に重視された。「うちには特大の冷凍庫が最低二台、ときには三台ありました。食料貯蔵庫は大きな部屋ほどあって、レストラン並みのストックがありました。ごほうびはいつも食べ物でした」。

成長するにつれて、デイヴィッドはますます両親とそりが合わなくなっていった。父親は息子が医師になることを望んだけれど、デイヴィッドは牧師を選んだ。父親にはくだらないとみなされた職業だった。

彼が結婚した女性は、苦労の多い実家から救われる必要があったのである。八年の夫婦生活の間に、彼はだんだん妻を虐待するようになっていった。彼は一度浮気して離婚し、間もなく再婚した。初婚から再婚までの間に数年間セラピーを受けたにもかかわらず、デイヴィッドはいささかの自尊心も保てなかったし、大事な人たちと健全な関係が作れるようにもならなかった。今度の妻はデイヴィッドの親友と浮気を始め、それは七年にわたった。デイヴィッドは浮気に気づいていたが、ほとんど止めもしなかったし、自分を大事にすることもなかった。

職業面では機能しているように見える二人だったが、デイヴィッドと妻の生活は「常軌を逸して」いた。この混乱を収めるためにセラピストの援助を求める一方、彼は自分もまた浮気を始めた。デイヴィッドは挫折した心持ちで最終的に妻の元を離れ、四年間一人暮らしを続けた。

両親とよく似て極端に知的で分析的な人間であるデイヴィッドは、自分がしてきたあらゆることの「理由」を導き出そうとしてきたけれど、つらかった少年期と成人後の心の影響との折り合いはいまだについていない。

六年前、彼は三度目の結婚をし、再びトラブルを抱えた女性の世話役を引き受けた。けれどもこの関係から、夫婦ともども適切な援助を得て人間的成長と真の変化を求めるに至ったのである。この夫婦もまた大きな悩みを抱えながら、お互いのつらい過去や混合家族、継子などの問題を乗り越えてきた。

デイヴィッドは現在と将来についてこう語る。「自分について思うのは、私は生き延びてきた、そしてそれが誇りだということです。いまだに自分の望むところまで来ていないし、意欲があるだけでまだ漠然とした仕事もたくさん抱えていますが、これまで何とか自分で自分の面倒をみてきて、多くの人の力にもなる努力をしてきたし、そうすべきだという気持ちになっています」。

## ■まとめ■

面接に先立って、私は、次世代ＡＣの人たちからこうした過酷な虐待の報告を聞こうとは思っていなかった。アダルト・チルドレンなど機能不全の親が、子どもの欲求に応える能力をもっていないことに私は衝撃を受けた。ここで明らかなのは、親の物質依存が後から始まった例もあるのに、六人の回答者全員が、共依存の家族システムのなかで生まれていることだ。回答者の親はそれぞれよかれと思い、深い動機があって、自分の育った家とは違う家庭を作ろうとしている。どの親も、外からの見え方を変えて、自分にも世間にも順調だと思わせる努力をしていたが、その一方で内なる苦しみは続いていたのだ。

# 第3章　次世代ACとその家族に共通する特質

アルコール依存の祖父母がいる人たち（次世代AC）に共通した特質を知るため、十八歳以上の次世代AC百名を対象に調査を行なった。成長過程で親にアルコール依存のなかった人たちである。私が彼らと出会ったのは、専門家のワークショップ、相談会、そして現在の人間関係からきた共依存治療の場やアディクションからの回復の場だ。次世代ACの人たちは、自分がそういう立場にいることがすぐにはわからないし、その問題を治療やトレーニング開始以前に検討する人もほとんどいない。

共依存分野のトレーナー兼教育者として、ワークショップや相談会でこの知識を提示するとき、私は次世代ACの圧倒的な反応に打たれる。とうとう自分が何者かわかった、ということなのだ。何かが間違っていた、それらはあなたの想像の及ばないことだった、あなたには援助を得る資格があると言ってくれる人がいたことに、彼らは感謝するのである。

## 調査のまとめ

### 家族について

次世代ACから寄せられた、本人と家族に関する質問への回答から、いくつかのパターンが見えてきた。それぞれの家庭には独自性があり、極端な虐待のあった家も外見的に「理想的な」家族に見える家もあったけれど、その裏で次世代ACは皆、非常によく似たことを考え感じていた。これらの家庭に共通して見られた事柄は以下のとおりである。

#### (1) 回答者の七五%が祖父・祖母のアルコール依存の話を聞いていない

大多数の次世代ACの親は、過去をひた隠しにし、家族の歴史を語るときも悪い言い方はしない人たちだ。親に話を聞いた回答者たちの報告によれば、その内容はあからさまな否定だった。次世代ACの人たちと話をすると、なぜこれほどまでに自分の家のことを知らないのかと驚かされる。叔母や叔父のアルコール依存に気づいている人は多く、また遠縁の人を介して祖父・祖母のアディクションの事実を偶然あばいてしまった人も多い。会話を立ち聞きした、あるいは謎を解くだけで数年かかったと報告する人もあった。

彼らがそれを知ったのは大人になってから、ほとんどはごく最近で、親のいるところではその話はあいかわらず怖くて持ち出せない。家族の歴史を探り始めると、ほかの家族メンバーの反発や恐れにあうし、家族のなかに全体像を知る人がいないとわかることも多い。特筆すべきは、ほとんどの次世代ACが、家族について具体的な質問を受けるまで自分の無知に気づかなかったことだ。詳しい情報が不足しているのに気づいたこともない。なぜそうなっているのか、彼らはこれまで疑問に思わなかったのである。

### (2) 彼らの親(AC)の九五%が自分の親から受けたアルコール依存の影響を認めていなかった

次世代ACの親のほぼ全員が、過去は消せる、子ども時代につらいことや虐待があっても傷は残らないと信じていた。彼らがとりわけ強く言い張るのは、そういった過去が子育てに影響することなど断じてないということだ。彼ら(ACである親)は、酒飲みは家のなかにいなくなったから、問題もなくなったと思ったのだ。

親がアルコール依存だったという認識が頭にないACが多いので、自分の子ども時代や成人後の生活にその影響が出たと見抜くこともできない。彼らは意識して問題を否定したのではない。アルコール依存の人のように、「心の底からまどわされ」「自分は決してああなりはしない」と信じきっていたのだ。

常に支配権を握っていたいという願望が、ACである親の大きな原動力である。彼らは頭でこう考える。考え抜けばわかる、親の失敗から学んでいける、まっすぐな意志があれば親のようにならなくてすむと。健全な家庭生活とは、彼らにとって、やろうと決意すればモデルや道具や訓練なしで「みごとにやってのけられる」ものなのだ。

### (3) 回答者の九〇%が家に物質依存以外のアディクションがあったと報告した

次世代ACの家庭では、物質依存は存在しなくても、抑圧された感情が「ほかの」アディクションや強迫行為という手段で行動化されることがある。ACである親は、アディクションをもつ親ともたない親という二つの強迫的行動の手本を見て育ったので、苦痛が表現できなかったときの対処法をほかに知らない。ACはこれらのパターンを受け継いで、大人になったとき、新たな家族システムに持ち込むのだ。

- 回答者の六四%が片方の親または両親に最もよく見られた強迫的行動として、ワーカホリズムを挙げた
- 回答者の二八%が親またはきょうだいに食物依存がある(食物と仕事両方の依存が多数)と報告した
- このほかに指摘があった強迫的行動は、掃除・洗濯(一〇%)、浪費癖(九%)、完璧主義(九%)、ギャンブル(五%)、人の世話焼き(四%)

ワーカホリズムは現代社会では「好ましいアディクション」とみなされていて、ACである父親は、それで「妻子を養っている」と思っている。次世代ACにとってそれは、親が家にいないという事実にすぎず、子どもよりも仕事が大事なのだと思い込む。ACが親として心にかけるのは、正しいことをやること、世間体が悪くないこと、自分の親をしのぐ仕事をすることなのだ。

食物が、心の傷を軽くする手段、あるいは良いことがあったときのごほうびやお祝いの手段にされる。機能不全家庭には本物の養育がなく、しばしば食物が自分や人を養う手立てになる。多くの次世代ACが、自分の生活や家族活動の中心的存在として食物を語る。「おまえを愛しているよ」「ごめんね」「よくやった」と言うために食物が使われたのだ。

鎮静剤や気晴らしだった食物摂取は、やがてより強迫的なものに発展していく。家族メンバーは大食がやめられなくなり、強迫的な過食や肥満に苦しむ。次世代ACはまた、食物の拒否を、抑圧した怒りの表現手段にすることもある。

### (4) 次世代ACの八〇%がわが家は「いい家族」だと繰り返し聞かされていた

次世代ACは、文字どおり、うちは特別だと言われることが多かった。よその家族よりもいいと言われた人たちもいる。たとえば、よその家よりも運がいい、いい親がいる、幸せな家だ、いい教育を受けているなどである。何不自由ないのだから、なんて運がいいことかと言われた。よその家のように「ケンカもないし」「酔っぱらいもいないんだ」と念を押された。ほとんどの次世代ACから報告されたのは、信じられないほど「過剰な」家族のプライドである。イメージと体裁は、生死に関わるほど重要で守られるべきものだったのだ。

誇り、忠誠、家族の結束が頭にたたき込まれた。多くの回答者の説明にあったのは、義務的な家族ぐるみの集まり、つまり各人の選択が許されない余暇活動や旅行などだ。家庭のモットーも共有された。たとえば、「力を合わせれば怖いものなし」「身内で助け合えなければもうおしまい」「世間は私たちの敵」などである。

自分が聞かされたことと実際の見聞との矛盾を感じていた人たちも少なくないが、それを口に出すことはできなかったのである。

## (5) 愛していると言われていたのは次世代ACの八〇%を占めるが、愛されていると感じたのは二〇%、五四%の家庭にあったのは「愛情を示す行為」だった

大部分の次世代ACの家で愛情という言葉が口にされていたにもかかわらず、これが愛だと感じた人、信じた人の数はごく少ない。ACである親は、愛情を示す行為や正しい発言をしようとひたむきな努力をしたけれど、自分が無防備になって子どもと親密になる能力はなかった。愛情行為とはたいてい物理的なもの、つまり休暇や過干渉や過保護だったが、それが子どもに対するはっきりした情愛表現だと彼らは考えていたのである。こうした努力も、子どもたちの解釈では、ご機嫌とりや買収の試みであって、実際に自分という人間の個性を理解するために時間を費やしてくれな

かったということなのだ。親は「間違いなくやる」のに追われて、子どもの心の欲求には目もくれなかった。親の愛を頭で理解している次世代ACのケースもあるが、それを内面的に「腹の底から」感じることはできない。子どもは親の健闘をたたえてやりたくてたまらないのに、「合格点」に満たないと認めざるを得ないことがしばしばなのである。

アダルト・チルドレンは見捨てられる恐怖に邪魔され、あえて子どもに「何が要るの？　おまえはどう感じているの？」と問うことができない。返事を聞いて自分が対処できないのが怖いからだ。もしも子どもが「ありのままの僕を受け止めてほしい」と答えたなら、どうすればいいのか見当もつかない。彼ら自身、そんなふうに受け止めてもらった経験がないのだから。

やり遂げたことやうまくいったことをほめるよりも大事なのは、子どもが失敗したときや「調子が悪い」ときの親の反応である。子どもが、自分は愛されているかと自問したときによみがえってくるのは、こうした瞬間なのだから。多くの次世代ACが生活を共にしていた完璧主義の批判的な親は、愛情にかられ、たえず教えたり叱ったりして子どもの人格を型にはめ、将来出てきそうな問題から守ってやろうとした。結果的に子どもは親の努力を感じ取って、「もっと良い子にならないと私は愛されない。悪いのは私なんだ」と解釈する。愛情とは、無条件に与えられない限り相手に受け取られないし、「しみ込み」もしない。これが真実なのだ。

## 大人になった次世代ＡＣの特色

集団として見ると、次世代ＡＣはＡＣとそっくりだ。アダルト・チルドレンの特質の標準リストに自分が該当すると思う人は、回答者の九七％に上る。全回答者が、この調査質問表に記入する以前に、この分野の権威によるアダルト・チルドレンについての説明を読んだり聞いたりしていた。ＡＣ「症候群」が自分ととても密接なつながりがあるという事実に、多くの人はとまどっていた。以下にまとめた特質はおそらく、ある種のアダルト・チルドレン、特に「一見いい」家庭で育った人たちに共通したものだろう。けれども、これは次世代ＡＣにはもっとなじみ深いものだし、どこかに当てはまるように作られているから、彼らも現在と過去の関連づけができるようになるだろう。

### １　家族イメージのゆがみ

次世代ＡＣはゆがんだ家族イメージをもち続けてきた。それに反する印があったにもかかわらず、どこかおかしいとは考えられなかったのだ。彼らは、しばしば自分の子ども時代がいかに良かったかと熱弁をふるうけれど、その一方で、大人になった現在の自分は機能不全なのである。自分や愛する人のアディクションを通じてようやくＡＡやアラノンにたどり着いた彼らは、すさんだ家庭で育った人たちに仲間意識がもてないのに気づき、子どものときのわが家がどんなに良かったかという話をしきりにする。その家族背景があってこそ現在の自分の問題があると考えることはできない。

「バラ色の眼鏡」をかけた彼らは、周りが美しく見えるようになり、あるパターンを発達させていくが、それは、自分の周りの機能不全や愚行に気づかないアダルト・チルドレンと似かよっている。彼らは、二つの現実、つまり内側の現実と外側の現実のなかで生きることに慣れきってしまって、もはや自分の本能を信じなくなる。ほほえみを浮かべながら最高だよと言える彼らだけれど、実はそのとき、心は傷ついているのである。

苦痛を無視するために会得したこの能力のせいで、彼らは切羽詰まった人たちに取り囲まれ、自分はびくともしないと考える。自分に問題はないのだから援助を求めることもない。親しい人との関係で、「何でも備えた」、人から頼られる役をやっている自分に気づく。彼らはまた横柄で傲慢に見えることもあり、「あまりにもよく」見えすぎて孤立している自分にふと気づく。結婚生活で彼らは自分の家族をかばいすぎるあまり、人間としてのわずかな過ちさえ認めたがらないこともある。回答者の七六％は、自分がゆがんだ家族イメージをもっていることを認めている。

## 2 自責感

生活が手に負えなくなってくると、彼らは自分を責める(六六％)。多くのアダルト・チルドレンがもつ過去とのつながりが自分にないため、次世代ACは自分の問題つまり性格的欠点や判断力不足は、大人として機能する能力がないからだということにする。彼らは過去を振り返り、健全に見えた家族システムや自分を育て上げるのに最善を尽くしてくれた両親を眺めて、「おかしかったのは私に違いない」と結論づける。これは、次世代ACたちの以下の発言に明らかだ。


「家のなかで病気なのは自分だけだと思いました」

「私は頭がおかしかったけど、家族は普通でした」

「私は家族からのけ者同然の扱いをされました。私以外は皆問題なさそうに見える。自分が悪いからだと思っていたし、家族もそう思っていました」

「もっとうちの人たちに似ていて、もっとできた人間で、もっとうまくやれさえすればよかったのにと信じていました」

「うちの家族は愛情豊かで思いやりがあると感じていました。もしそうじゃないと思ったり態度に出したりするなら、悪いのは私に決まっています」

「苦しいと言うことも、救いや慰めを求めることもできなかったんです。自分の問題は自分のせいだと言われていたし、母がすごく恥じると知っていたので」


この子どもたちは知っているのだ。自分たちの働き次第で家族や親の自己評価が決まる、したがって自分が誇りを運んでこなければ家族は大変恥に思うということを。多くの回答者が成長過程で受け取ってきたのは、どんな失敗があっても親は罪悪感を処理できないし、しようとしないというメッセージだったから、完璧でないことは全面的に自分がかぶってきた。大人になって配偶者の物質依存や子どものアディクションに気づくと、彼らは自分を責め、親きょうだいに知られて非難や批判されるのを恐れ、問題を打ち明けることさえためらうのだ。

### 3　表面的な人間関係づくりが得意

次世代ACの八〇%は、表面的な人間関係を作るのは得意だが、親密さらしきものにはいつも苦労している。物質依存家庭は、必要があって、家族の過去にまつわる秘密をたくさん抱えている。過去にあった恥や、親族が本当はどんな人間だったかなどだ。批判的な親をもつ子どもは、ありのままの自分でいると危険だとごく早い時期に学び、二、三歳という幼いときに、何が受け入れられるかを計算し、「本当の人格」を黙らせてしまう。自己評価の低い彼らは、世の中が見たがっていそうなものを見せる習慣をつける。その結果ニセの自己ができあがって、か弱い自尊心が守られ、生存に欠かせない承認を手に入れる。

次世代ACは訓練を積んで詐欺の腕を上げ、いま見せている姿が本物だと人を納得させてしまう。対人関係では、相手が離れていかない程度のぎりぎりの情報しか出さないので、彼らの全体像は誰にもつかめない。

「子どものときも大人になってからも、友達はたくさんいましたが、私を本当にわかってくれる人がいるとは思えませんでした。自分のいいところだけを見せて、友人たちの支えになっていたのです。人と話はできたし社交辞令も言えましたが、自分のことで大事なことは本当に何も言ったことがありません。仲間といても、私はいつも一人ぼっちでした」

「これまでの人生ずっと、身近にいたのはアルコール問題家庭で育った人ばかりでした。友人は皆が皆、悩みを抱えていました。私が育ったのは幸せな家だった、そしてそういう人たちを助けられると信じていました。どんな人との関係でもこのパターンだったし、いまだにそうです。私は、何も必要としないしっかりした人間なのです」

社交術や世話焼きや良い家のイメージへの執着が親密さの代用品となった家の子であれば、その方面の腕も上がっていくだろう。親密さのモデルがあって、それが健全な家族システムに組み込まれていない限り、子どもは本物の親密さを創れるようにはならない。人との絆と仲間外れにされたくない気持ちから、彼らは本当に心が通じ合ったしぐさを真似てニセの親密さを創り出すけれど、それには感情が伴わないばかりか、健全な依存に不可欠なリスクを負う能力もないのだ。

## 4　援助が求めにくい

次世代ACは、援助を求めることにきわめて困難を感じる(九〇%)。手助けが必要だという単なる事実が、彼らには、間違いをしたのは自分だから自力で修正すべきだという意味になる。

ＡＣである親のもとで育ちながら、大多数の子どもたちは親自身の抱える問題を感じ取っていた。自分のつくる家庭が自分の育った家と似てしまう可能性も気にかけながら。「家族全員、幸せで健全で正直で率直なふりをしよう」というゲームがされるようになった。

親のことを気にかける子どもは、当然彼らを喜ばせたいと思うものだ。僕が何かやって、ママをすごく困らせたりがっかりさせたりするのなら、そんなことをしないようにする。でなけりゃ、そんな話はしないようにするよ。

次世代ＡＣは、何が必要かと聞かれた経験もなく、自分でこれが必要だと言うよう教わったこともない。何かを必要とするのは依存や弱さであるとみなされ、避けるべき恥とされる。援助を求めることは、その人やその家がどこかおかしいという暗示になるのだ。

親はしばしば、子どもに自分の失敗から学ばせてその過程を支援するのではなく、問題点を直そうとしたり、てっとり早い返事をするという反応に出る。ＡＣである親は、自分の苦痛を抑制し予防する必要があるので、子ども自身に考えさせることが難しく、成長過程に欠かせないこの段階をむだにしてしまう。その結果、難しい問題を前にしたときに、ほかの人の意見や助力を計算に入れる力がつかなくなってしまうのだ。

## 5　強迫的な行動に苦しむ

強迫行為（ここでは、選択の余地なく繰り返される行為と定義する）は、次世代ＡＣにごく普通に見られる。調査対象者の八一％が、食物、セックス、仕事、人間関係、喫煙、買い物、アルコール・薬物乱用などの強迫的行動に苦しんでいると報告している。親の話のとき同様、仕事と食物が最も多く挙がっている。

感情が抑圧された家族システムであれば、素行面で極端な行動に訴えずにはいられない。一世代先に行っても、物質依存の育ちやすい土壌はなくならない。その家族システムは物質依存家庭の特質をもち続け、どんなアディクションも支援してしまう。仮にその家にあるアディクションがワーカホリックのような一見好ましいものであっても、ＡＣである親が強迫的行動のモデルとなり、次に子どもたちの身についてしまうのである。

皮肉にも、わが子をアルコール乱用者やアディクションにするまいという親の決意にもかかわらず、子どもの何人かあるいは全部が物質依存になる例はよくある。親は世代伝播するその病の性格に勝てないし、子どもにその病が現れると過剰反応し、自分を責めてしまいやすい。

親が過去から引きずってきたものは子どもに引き継がれ、その人生で演じられるとよく言われてきた。これは次世代ＡＣのおびただしいアディクションを見るとよくわかるが、見かけ上健全な家庭で育ったのに機能不全になったことで、次世代ＡＣは罪悪感という重荷を背負ってしまうのだ。

## 6　秘密主義の傾向が強い

意識のうえでは気づかないけれど、次世代ＡＣは固い秘密主義になる傾向が強い（八六％）。こう報告した人がいる。「つい内緒にしてしまいます。ちょっとでも話したら、すごくやっかいなことになるとわかっているので」。

また、自分の家族をこう描写した人もいる。「うちの家族は、まるでどうでもいいことを秘密にします。投票する人の名前とか、宗教的な考えとか、年齢とか。それから、すごくつらいこと、なかでも誰かが死んだ話。それに性的な話やアルコール依存の話題全般。うちの人たちが何を守りたかったのか全然わかりませんでしたが、そういう話をしちゃいけないのはわかっていました」。家族の歴史をたずねられると、多くの次世代ＡＣは、自分の聞いていた話がいかに少ないかを知ってびっくりする。

秘密にする必要が出てくるのは、つらいことが話題になると、見捨てられたり暴力や深刻な被害を受けるという脅威があるときだ。これはアダルト・チルドレンに深く植えつけられて自動的な反応になり、その後、子育てにもこういう態度であたるようになる。お互いを真実から守る必要は以前ほど強くはないけれど、子どもは親の動揺からタブーになることを感じ取り、その結果、進んで率直な話をする気がしなくなる。子どもたちは、必要最低限の話だけするようになり、外でもめったに打ち明け話はしなくなる。家族は誰もこうしたことに気づかないので、子どもはこれが「正しい」やり方だと思い込む。そしてこれは次世代ACの生活様式として続いていく。

大人になった彼らは、誰かに「ありのまま話す」ことなしに機能していく習慣がついている。つらい出来事がやってきては、大事な人たちに少しも語られることなく去っていく。自分の気持ちよりも、近所の人のこと、天気やニュース、ほかの人の悩みのほうが話しやすくなっていく。非常に活動的になり「忙しく」して家族や友人と親しくつきあう時間を作らないようにするのが、この生活術の「コツ」だ。けれども、苦痛や不快感からまぬかれる一方で、次世代ACは自分以外の人に理解され受け入れられる喜びもまた逃してしまう。

## 7　うつや不安になりがち

次世代ACの八〇％が、慢性的なうつ状態または不安、あるいは両方があると報告している。ACの未解決の苦しみと怒りは、しばしば、アルコール依存にはまっている人によく似た、予測のつかない気分変動という形で表れる。

飲酒のないところで育った次世代ACの説明を聞いても、共依存家庭と物質依存家庭の違いはなかなか見つからない。たくさんの次世代ACが、親の感情の発散や激怒、わけのわからない気分変動という恐怖の下で暮らしている。

彼らが説明するうつ状態は概して深刻な「臨床的うつ」ではない。また、良くない状況に対する反応である「状況型抑うつ」でもない。感情が抑圧された家庭で育った次世代ACは、怒り、悲嘆、傷ついた気持ちなどをほとんど解放することがなく、それらを自分の内に向けてきたように見受けられる。これがしばらく続くと、抑圧された感情、特に怒りは、周期的な「落ち込み」として表れるが、これもほとんどの場合、極端な落ち込みではなく、漠然とした無力感や孤立感や悲しい気分である。これらの症状は単純なミスや軽い失望が引き金になって、あるいは何のきっかけもなく引き起こされ、数日間、数週間、ときには数カ月間継続することさえある。出てきたときと同様、説明のつかない消え方をすることもある。

自分を否定的にとらえ、「こんなふうに感じちゃいけない」と思い込むことで、彼らはいっそうの苦痛を強いられるばかりだ。よその家程度に生活環境が悪くならない限り、自分の感覚を守る権利などはないと彼らは信じている。

ここから抜け出すには、怒りなどの感情表現はもちろんだけれど、「落ち込んだ」ときに、もっともな説明を求めるよりも自分をもっと受け入れることだ。うまく説明がつけられても、うつからの回復は早まらない。もう一つ、次世代ＡＣにとって学ぶべき大切なことは、何よりもまず、苦痛を語る必要があるということだ。

周期的うつとよく似た不安の高まりも報告されている。それは、瞬間的な恐怖感から身体反応を伴う本格的なパニック発作まで広範囲にわたっている。

ある次世代ＡＣは自分の体験をこう語った。「私は心配しながら大きくなりました。子どものときのことで覚えているのは、学校から戻ったとき、特に帰りが遅くなったときの決まり文句です。私は兄を探しに行ってはこうたずねていたものです。『パパは荒れてる?』と」。

こう語る人もいた。「うちで怒りを見せていいのは父だけでした。父はめちゃくちゃができたので、皆で父のご機嫌をとろうとしたものです。子どもの誰かがかんしゃくを起こしたら、父はつむじを曲げて何週間も口をききません。私たちは腹を立てないことを覚えたのです」。

たくさんの人が不安とうつ状態を交互に経験している。彼らは恐怖に取り囲まれて自分の生活を築き始めるけれど、その恐怖は子どものときからあったものだ。起きてもいない出来事を気にしすぎるため、今この瞬間は奪い去られてしまう。良いことがあっても、親からそんなものはあてにならないと注意されてきたため、それも消えていくと思い、なかったことにしてしまう。

子どもには必ず恐怖心があるが、ACである親は、それがどのくらい続きどのくらい強いかを測るという反応に出ることが多い。過保護の親は「正しくやる」のに熱心だから、自分がモデルとなって子どもに用心のうえに用心するよう教え、実際には心配や恐怖心を作り出してしまう。

物質依存問題を抱えた家族はたいてい「気分が良くなることにはのめり込め。良くならなければほかの手を使え!」という原則の下に暮らしている。

次世代ACは大人になっても子ども時代の恐怖をそのままもっているが、羞恥心からそれらを押し隠し、苦痛にふたをし、自分の生活を調整しておびえの元になるものを避けようとする。その成果が、自制心をなくしはしないか、無力になりはしないかという漠然とした恐怖なのだが、これらはもちろんほとんどの人たちに日々訪れるものである。

不安がふくれあがって周期的なパニック発作に変わると、正常な機能、たとえば外出や車の運転などができなくなってしまう。これが極端な依存のパターンになると、ニセの有能感が生じて親しい人たちを支配する。その人たちは彼らの世話を焼き、保護者の役を務めなくてはならない。

## 8 家族への忠誠心が強い

物質依存のシステムでは、家族に対する忠誠が強い力をもつ。次世代ACの七三％は、自分の家が理想的とは言えないと認めたら親や家族への裏切りになると恐れている。七八％は、子どもだった自分が受けた仕打ちを低く見積り、親の実際の行ないではなくその「努力」をたたえる。「うちはいい家族だ」（何も問題がないという意味）という作り話の維持は、一部の次世代ACにとって何よりも重要だ。セラピーという場にあってさえ、ふと気づくとしきりに親きょうだいをかばっているのである。

ある次世代ACは、家族を悪く言わないという掟を破ったときのことを思い出す。「私が大人になってからですが、あるとき、思いきって異議を申し立てたら、姉は腹を立て、『あなたの考えは正しくないわよ』と言いました」。

「私の人生はいつもこうでした。自分に正直である以上に家族の承認が必要だったので、自分が間違っていたにちがいないと判断したのです」

多くの次世代ACは、何か間違いがあったと認めることに抵抗があって、治療の過程で苦しい思いをする。彼らは自分の生活を、わかりやすいトラウマをもつＡＣのそれと比べるため、自分の家が「そこまでひどかった」とは考えられない。自分の体験をありのままに話してしまうと、大げさではないか、ウソを言ってはいないかと大きな罪悪感や疑問にとらわれる。回復中の多くの人たちは、助けを借りてこの罪悪感を乗り越えつつあると報告している。

## 9　物質依存であることを恥じる

物質依存からの回復途上にある次世代ＡＣ（調査対象者の三四％）は、その病を家にもってきたことで、極端に強い恥の感覚をもっている（回復中の人の六五％がこれを問題視している）。多くの面で、それ（彼らのアディクション）が自分個人よりも親のほうに大きな被害を与えたと感じるからだ。

ある人はこう述べた。「私は、自己評価が低く自己嫌悪が激しいうえに、目立たないようにすることも、姿が見えないようにすることもできませんでした。そうしたくてたまらなかったのに。自分は恥だ、わが家を汚すものだと感じていました」。

家族に自分の回復の話をしていない人は多く、相手の反応を怖がって秘密にし続ける。

母親を巻き込んだある人はこう言った。「私が入院するとき、母は言いました。『うちで面倒みてあげられるから、行っちゃダメ』と。ああうれしい！　私は病んではいても、そんなことムリだとわかるぐらいにはまともだったんです」。

次世代ACは、家族の反発という恐怖への対処以外に、アルコール依存を病気として受け入れることにも困難を感じている。アルコール依存の親という目に見える存在がないので、彼らは自業自得だと思い込む。この病にありがちな、自分は品行方正でないという意識に加え、親の代にはなかったアルコール依存を家にもってきてしまったという重荷を背負う。また、親を「悪く見せた」、あるいは親として失格させたという罪悪感も感じる。

アルコール依存の祖父や祖母を発見することで、自責の念や病に対する無力感から救われることが多い。自分を悪者扱いする倫理主義や審判がなくなれば、依存物質を長期間断つ機会も増し、AAももっとうまく利用できるようになる。ここは自分の居場所だ、ここにいる権利が自分にはあると信じて。

集まった情報を元に、次世代ACの特質を次にまとめたが、まだまだ完璧なリストではない。こうした聴取が行なわれたのは今回が初めてだろうから、私としては、これを機により科学的で徹底した調査への関心が高まるよう願っている。

## 成人した次世代ACの生活上の問題領域

現在の生活での問題領域についての質問を受けたとき、次世代ACはACと酷似している。けれども、これらの問題がアルコール依存の親族の存在とつながりがあることを知らないのは大きな違いだろう。多くの次世代ACが、これは「人それぞれ」の生き方にすぎず、異常でも何でもないと思っている。彼らのほとんどは、現在自分が悩んでいる問題を迷わず指摘できる。以下に挙げるのは、次世代ACの主な問題領域である。

## 1　人間関係に問題を感じる——六三％が該当

ほとんどの次世代ACが報告したのは、健全な人間関係を続けるにあたっての全般的な問題だ。親密さ、信頼、アイデンティティーなどが彼らの問題領域である。また、物質依存の人との関係、つまり配偶者・子ども・恋人が多いという報告もあった。次世代ACは、親しい人との間での健全な交流や共感、交渉や決断のモデルをほとんどもたない人たちなので、外から見える健全さをそっくり真似ようとして、自分が求める良い結果を味わうことはない。

ACである親同様、彼らは、一人の人との親密な関係が自己評価と安心感を与えてくれると考える。彼らは、自分と共通する過去をもち、実は一つの人間関係では得られないものを求める人とカップルになりがちだ。この場合、半人前の人が二人集まっても一人前にはなれないから、彼らはもっとがんばらねばという信念を持ち続け、人を支配し変えさせる努力にとりかかるか、そうでなければ、自分には親密になる能力がないと思い込み、すっかりあきらめてしまう。

## 2　自分の感情がよくわからない——五五％が該当

多くの人が育ってきたのは、「あなたはどんな気持ちなの」と聞かれることのない、あったとしてもごく稀にしかない家だった。代わりに目につくのは、よくこう言われたという報告だ。「そんなふうに感じちゃいけません！」。ここでもまたモデルは示されていない。感情という言語は教わらなかったわけだ。その結果、子どもたちは、いろいろな感情を真似るか、ただ否定することを学んでしまったのだ。

この問題に悩む人たちにはいくつかバリエーションがある。まず、感情がほとんどないと報告する人たちがいる。感情が鈍麻し、感情と結びついた生理的感覚さえ味わえない。多くの面で、萎縮のため周囲の刺激に反応できなくなっている。

身体に何らかの反応が出ると報告する人たちもいる。ドキドキする感じ、手のひらの発汗、首の発疹、赤面など。けれど、彼らは感情を表現する言葉をもたないし、ある感情をほかと区別する能力もない。

自分の感情がわからない次世代ACは、それがつかめるようになるまで親密さを手に入れることはできないだろう。

### 3　自己評価が低い——五九％が該当

次世代ＡＣの自己評価の低さは、時々、彼らの片割れのＡＣよりも巧みに偽装される。彼らは、自分でもそう思えないときでさえ、順調に見せるやり方を身につけてきた。適切な援助が得られなかった彼らは、世の中に受け入れられるために「外側」を調整しまた調整し直すという堂々巡りに陥り、過ちが一度明るみに出ただけで取り乱してしまう。自分はダメだという感覚と自責感に圧倒され、「私は順調であるべきだ。こんな気持ちになる理由なんかない、だから間違いだ」という恥の感覚がそこに加わる。貧弱な自己評価が人に知られていないとき、それは大きな秘密となるが、これは何としても隠し通さなくてはならない。こうして自分をよく見せようと奮闘するサイクルができあがる。次世代ＡＣの自己評価の低さは、不適当・不必要なときにも防御態勢をとることに表れる。彼らは、自分や家族のどんな落ち度も認めにくく、取るに足らない問題に対して過剰防衛してしまう。この「過剰抵抗」は心の葛藤の確かな印である。

「欠点があると知られたら、もう会ってもらえない」（つまり完全に見捨てられてしまう）。この恐怖は、自己評価の低い親による条件つきの愛の下で過ごした直接の結果なのだ。

### 4　怒りの感じ方が強烈——四三％が該当

この領域は、治療過程にいるＡＣの大きな関心事であるばかりか、次世代ＡＣにとっても深刻な問題である。怒りの表現が許されなかったと一様に報告する彼らだが、親が激怒する姿は普段から目にしている。自分の家という場にいる間は怒りを封印できていた人が、大人になって自立した生活に入ったとき、不適切なところで「じわじわと」出してくる例が少なくない。

健全な人にとって、怒りの爆発は日常的な反応ではない。激怒を呼び覚ますよほど悲痛な事件でもない限り、怒りはイライラや不快のレベルにとどまる。次世代ACはちょっとしたいらだちを軽くみる能力を養ってきたから、ついにほんのささいなことが「引き金」となって、見境なくカッとなり、対人関係や職を危うくする深刻な害を呼びかねない。彼らが怒りの矛先を向けているのは、手近なところにある小さな出来事ではなく、怒りの表現が許されず、家庭内の問題を増やさない「犠牲者」として過ごした長い年月なのだ。

彼らはまた、よく見せようとがんばっていた親の怒りを無意識に身につける場合もある。こうした親は、怒りは物事がうまくいっていない証拠だ、幸せなカップルや家族はケンカなどしないという見方をしている。親が過去に処理できずにきたものを子どもたちが受け継ぎ、自分の人生で演じきるのだ。

怒りを感じることで出てくる悪影響は対人恐怖から潰瘍、児童虐待まで多岐にわたる。この心の「火事」をどうにもなだめられない次世代ACには、過去からの怒りを効果的に放出する安全な場が必要である。このプロセスは第5章で詳しく説明したい。

## まとめ

### (1) 次世代ACの家庭のパターン

●次世代ACの大多数は、祖父・祖母のアルコール依存の話を聞いていない。
●ACである彼らの親は、アルコール依存の人と共に生活したことで悪影響があったことを認めない。
●物質依存以外のアディクションが存在する。特に仕事、食物。
●大多数の次世代ACは、わが家はいい家庭だと繰り返し聞かされていた。
●次世代ACのなかには、親が表現しようとした愛情を感じ取った人も少数いる。

### (2) 次世代ACの特色

アダルト・チルドレンの特質の標準リストに加え、次世代ACに確認されたのは、

1　家庭イメージのゆがみ——家族の美点しか目に入らない
2　自責感
3　表面的な人間関係作りが得意——親密さに苦労する
4　援助が求めにくい

5　強迫的な行動に苦しむ
6　秘密主義の傾向が強い
7　うつや不安になりがち
8　家族への忠誠心が強い
9　物質依存であることを恥じる

(3)　成人した次世代ACが報告した主な生活上の問題領域

●人間関係に問題を感じる
●自分の感情がよくわからない
●自己評価が低い
●怒りの感じ方が強烈

# 第4章　共依存家庭と物質依存家庭に見られる微妙な虐待

物質依存や共依存が見られるところには、虐待がある。共依存の治療を求める人たちの九〇％が、何らかの方法で虐待を受けていたと報告している。身体的虐待・性的虐待のどちらか、またはその両方があったと報告した人が半数、言葉の虐待に該当すると報告した人が半数だ。それ以外の一〇％の人たちもまた頻繁に被害を受けているけれど、記憶になかったり、何が虐待かという認識のゆがみがあったりする。教育と治療によって、彼らもまた被害者としての自分を認識するのだ。

アダルト・チルドレンの治療のなかで、私は、児童期に深刻な虐待を受けてきた大人たちの悲痛な話を聞いてきた。彼らは想像を超えた身体的・心理的虐待の被害者である。言葉の暴力、あるいは性的・身体的虐待というぎりぎりの経験をしてきた彼らは、自分の人生に残る爪痕をはっきり意識している。このタイプの虐待が被害者に終生消えない傷を残すということに異議を唱える人はほとんどいないだろう。殴られたり、殺してやると脅されたり、見捨てられたり、愛情欠如や深刻なネグレクトを経験した彼らの痛ましい話に耳を傾けながら、私は、人間関係に求めるべきもの、「普通」であることについて、彼らの感覚にゆがみがあることをひしひしと感じてきた。

彼らは、成人後の生活で、自分を殴らない人、レイプしたり何か盗んだりしない人などをありがたいと思い、日頃つきあう人たちに対して「私をぶたないこと」という最小限の期待しかもたない。私が特に心打たれたのは、彼らが気づいていない過去・現在の「虐待」である。いかにも異常なものにしか目を留めない彼らは、身体的・性的虐待あるいは言葉の暴力がなければ満ち足りた生活だと信じているのだ。

社会もこうした風潮をつくってきた。極端なケースだけ、つまりあなたが「最終段階にいる被害者」ならば受け入れて対処しましょう、日頃のやりとりでお互いが受ける虐待は無視しましょうということだ。短気な医師やウェイトレス、バスの運転手や警官、配偶者の母親などから、一度たりとも手荒に扱われたことのない人が私たちのなかにいるだろうか。こういう場面にぶつかってもなすすべがないので、私たちは普通のこととして受け止めている。世の中は、手近にいる相手なら誰かれかまわずうっぷんを晴らそうとする、怒れる人びとで満ち満ちているのだ。ありがたいことに、そうした人びとの大半は私たちの自尊心に致命傷までは与えないので、比較的感化されなくてすむ。一方、それ以上に深刻なのは、親密な関係で私たちが負わされ苦しめられている心理的虐待である。

次世代ACは心理的虐待の被害者となる率が高いが、ACが述べるような極端な出来事を報告することはできない。成人としての機能への影響という点で彼らが受ける被害はよく似ていて、児童期の虐待がどれだけ極端だったかあるいは微妙だったかとは関係ない。

ＡＣ・次世代ＡＣに限らず、機能不全家庭の出身者なら誰もが心理的虐待に苦しんでいるというのが私の持論である。通常、虐待にあたらないとされている（「それほどひどく」ないから）事実にもかかわらず、この虐待は自尊心を深く傷つけ、一生を通じて犠牲者となる悪循環を生む。私たちの心の回復力は、肉体のそれには及ばない。虐待が目に見えない場合、被害者は苦痛を内面化して自分を責めるようになる。

過去にわかりやすいトラウマがあったＡＣであれ、あるいは情緒的欲求が無視されていた次世代ＡＣであれ、そこから生じるのは犠牲者的生活態度である。その人のダメージの深さは、当然、虐待の過酷さ（たとえば近親姦）によって決まり、回復に必要な期間も定まってくるが、被害者の直面する問題は外から見て極端な虐待に限らない。全面的な回復に欠かせないのは、何かおかしいと思う感覚の鋭さを養うこと、そして被害の再発を食い止めることなのだ。

## 虐待の再定義

私は虐待をこう定義する。故意に、あるいはたとえ無意識にでも、人間の自尊心を傷つけたり損なったりすること。読者の頭にすぐ浮かぶのは、そう定義したらほとんどの行為が虐待と解釈されるということだろう。私は、ウェイトレスが毎度コーヒーのミルクを持ってこないからあなたを虐待している、と言いたいのではない。こうした日々の出来事をどれだけ内面化していくかによって、自尊心が影響される度合いがある程度決まっていくということなのだ。

いくつかの不確定要素が、私たちが受ける影響の度合いを左右する。

### 相手と自分の関係の重要度

もしもある人の同意が自分にとって価値があり、それを望んでいたのに、相手の承認が得られず、実際にひどい扱いをされたり無視されたりしたら、それは非常につらい仕打ちとなり、ともするとダメージになってしまう。

例——朝、出社したときにあまり知らない同僚から無視されても、私はそれに気づきもしないだろう。もしも大事な友人に道で出会って同じ態度をとられたら、少なくともそのときはひどくうろたえてしまう。

### 役割への期待

社会の定義によって、決められた役割は決められた振る舞いを暗示する。親には子どもの物質的・情緒的欲求への配慮が期待される。親のほうもこの期待があることをわかっている。夫や妻は一般的に、配偶者の精神的・身体的な健康状態への配慮を示すよう期待される。上司は敬意をもてるような権限の振るい方を期待される。大切な人との関係でこうした形の期待をもつのは自然なことだ。ある人、特に権威的な立場にいる人がその役割の境界線を越え、お互いの心にある契約を放棄するとき、被害者となった人は大きな痛手をこうむるおそれがある。

ときにはこちらの期待のほうが不合理かつ不当な場合もあるけれど、私が指しているのは、配偶者同士や親子、上司対部下、教師対生徒などにある暗黙の契約のことだ。相手の役割に対する期待がない場合は、苦痛を伴う反応が起きる可能性も少なくなる。

例――アルコール依存の人の配偶者には、子どもが生まれたらその責任は夫婦で分担するという期待をもって結婚した人が多い。それと逆の状態になるとがっくりして、幻滅を感じてしまう。相手との「協定」にこの期待が入っていなければ、そこまで苦しくはならないだろう。

## その出来事があったときの心の状態

虐待的な出来事があったときの反応は、仮に相手との関係が大事なものでなかったとしても、そのときの私たちの気分にかなり依存する。

例――夫が一人きりになりたいと言い出したとき、私が特に弱っていたり疲れたりしていたなら、これを拒絶と感じるだろうし、ひょっとするとひどい仕打ちだと思うかもしれない。そういうときでなければたぶん私はそれを聞き入れて、あまり感情的にならずに切り抜けられるだろう。こうして自分を正直に表現する権利も彼にはあることを認めながら。

## 年　齢

子どもは、親の虐待に苦しめられる無力な犠牲者となることが最も多い。家を出るという選択肢は子どもにはないし、正直に自分を表現すれば虐待は増すばかりだ。五歳以前に生じた心理的虐待は子どもの記憶にさえ残らないだろうが、将来の人間関係に与える影響という点では最悪のものかもしれない。

例――酒が入ると小言ばかり言う父親をもつ三歳児は、親の態度を飲酒と結びつけられなくて、ただパパはこういうふうになるときがあるのだと受け止める。パパがそうする理由とは関係なくダメージは生じる。十二歳の子であれば、パパの態度の変化と飲酒を多少は結びつけ、うるさく言われてもある程度は受け流せる。ひどいことをされたらどちらも傷つくけれど、年齢が上がって推理する力がつけば苦痛は軽くなるだろう。

## 過去の虐待経験

虐待の犠牲者は、親、きょうだい、親密な異性、友人、雇い主、わが子からも虐待された経歴をよくもっている。同じ人物から虐待を受けた過去の経験は、いま虐待されたときの反応に影響する。私があなたから何十回と虐待された過去があれば、その傷は深く忘れがたいものになるだろう。もしこれが初めてだったら軽く考えられるし、忘れてしまう可能性もある。

子どものときに虐待されて育った人は、大人になってからの人間関係でそういうことがあるたびに、虐待の積み重ねによる影響に苦しめられる。過去に虐待されていたことを認めていようといまいと、記憶すらなくても、そのダメージは治りきらず、ことあるごとに傷口が開いてしまう。被害者の記憶は抑圧によって遮断され、苦痛も否認されるが、その体験の強烈さはまた虐待が起きるたびによみがえる。

## 自尊心の度合い

自尊心の高い人が虐待にあう機会は、自尊心の低い人ほど多くはない。彼らには自分に対する自信があるのと同時に、虐待的な人物や状況を避ける力もあるし、そういうことがあってもどぎまぎすることなく対処できる。

彼らはとにかく、たとえ傷ついたときでさえ、自分は大丈夫だということがわかっている。虐待が続くのは、自己評価が著しく落ちているときだけだ。等しくつらい出来事でも自己評価の度合いが異なるのであれば、受け止め方はずいぶん違ってくるだろう。

例——あるアダルト・チルドレンの女性にティーンエージャーの息子がいて、その子は七月四日の祭日（合衆国の独立記念日）をガールフレンドの家で過ごすつもりでいる。親の自己評価が低ければこう受け止められる。「私は息子に愛されていない。ママよりも彼女のほうがいいと思っているのね。おまえは母親をいじめる恩知らずな子だわ」。自己評価の高い母親はその代わりにこう反応する。「一緒にいてくれないなんてがっかりだわ。だけどおまえも大きくなったんだから、自分のことは自分で決めなくちゃね」。虐待はつまり、「見る人次第」なのだ。

## サポートシステム

しっかりしたサポートシステムが背後にあるとき、個人や家族がトラウマや悲劇からやすやすと立ち直っていく姿を見るにつけ驚かされる。このサポートは、家族や友人、精神世界・宗教・十二ステップのグループなどだが、サポートが気持ち良く受けられ安定して得られるなら、一人の人の現実観をがらりと変えることもある。

自分を承認してくれる人たちがいる、もしかしたら同意さえしてもらえると知ったとき、私たちは冒険もできるし、人とぶつかってできたこぶも打ち身も傷も最小限ですませられる。一人きりでいると、虐待はいっそう虐待的に感じられる。けれども、サポートとなる人脈作りや、どんな形の救援姿勢も、犠牲者、特にアルコール依存家庭で育った人の身にはついていないという事実には落胆させられる。最も支えを必要とする人たちが、最もそれを得られないのだ。

機能不全家庭にいて外部と接触のない人は、ささいないじめさえ重大な危機のように思ってしまう。

例——ある次世代ACが、勤務評価で批判的なコメントをいくつかもらう。彼女は正当な評価をされなかったと感じて、深刻なうつ状態が何週間も続き、本気で辞職を考える。自分はいじめられている、真価を認められていないと感じる。ＡＡにいる回復中のアルコール依存の人も似たような経験をするが、スポンサー（支援してくれる人）のところやミーティングに出かけていって話し合い、これは自分を成長させる機会だ、きっと営業成績を上げるチャンスになるという見方をするようになる。回復途上の人は、健全なサポートをしてくれる人脈に助けられ、以前ひどい仕打ちに感じられたことが、ほとんどは「たいしたことのない！」ものだったと気づくだろう。

これらの不確定要素を共依存の文脈から眺めると、ＡＣと次世代ＡＣは、共依存という病そのもののおかげで虐待を受ける機会が増すばかりでなく、周りの条件のせいでその影響も悪化することがよくわかる。

ある人には虐待的だと感じられるのに、別の人にはなんでもないことがある。極端な虐待を虐待と呼ぶのは、はるかに簡単である。身体的虐待、近親姦、度の過ぎた暴言などは、社会に容認されない行為とされているのだから。心理的虐待の影響は、それよりも個人的で微妙なものだ。一つひとつの出来事の吟味以上に大切なのは、積み重ねによる影響とその結果できあがった犠牲者的生活態度である。それがさらなる虐待につながる空気と機会を生むのだ。自分が犠牲者であることに本人が気づかない限り、このパターンは避けられない。

以下に挙げる心理的虐待は、専門家さえも見逃すおそれがあるもので、しかも時間の経過とともに自尊心を深く傷つけていく例である。

幼少期、犠牲者たちは次のような状態に耐えて生きてきた。

●厳しく支配的なしつけの強制。その手段は、侮辱、いやみ、皮肉、からかい、ののしり、絶え間ない監視、批判。

●無規律または無制限。子どもが自分で、良い／悪い、安全／安全でないを判断しなくてはならない。

●厳格な子育て。何をするにも「正しい」やり方がある。許容範囲が非常に狭く締めつけが厳しいため、子どもは個性の表現や人生での選択を学ぶことができない。

●無言の暴力。長時間口をきかないことを支配や懲罰の手段にする。配偶者からも子どもからも引きこもり、言葉にならない言葉で「あなたなんかもう愛さない」と言う。

●むら気と一貫性のなさ。アルコールや薬物によるものであろうとなかろうと、親の頻繁な気分変動を子どもが先読みし、それに合わせるよう強いられる。親は前触れなく、ときには意気盛んになりときには意気消沈する。

●子どものいるところで、あるいは直接子どもに配偶者の問題をぶちまける親。相手の行ないに対する不満、つまり飲酒、家を空けがちなこと、性的問題までも子どもの耳に入るところで露骨に話される。子どもがどれだけ傷つくかという配慮などない。

●子どもへの依存。子どもを自分の友人や腹心の友、配偶者扱いして、善悪の判断を頼り、大人の問題にアドバイスを求める。ある母親はこう言う。「娘なしではどうしていいかわかりません。私のベストフレンドですから。娘とはとても仲が良くて、何でも話せます」。

●子どもが傷ついたり虐待されているのを見ても何もしてやらない、受け身で弱い親。家庭内ではしばしば罪のない被害者、「いい人」とみなされている。子どもは、自分が守られている、支えられているという気がしないし、善良な親の負担をこれ以上増やしたくないと思う。

●ありのままの気持ちの表現が許されない。泣くのは、たまに子どもが一人きりでやることだ。怒っていいのは親だけで、子どもがそうしたら叱られる。恐怖は人に見せてはならないし、感じてもいけない。

●子どもの心の痛みや傷などに対する無関心。子どもが悲しそうに見えたり落ち込んで見えたりしたら、それに気づき「どうしたの」と聞いてやるのは親の責任だ。そこまでの能力がない年頃なのに、欲しいものは自分で言いなさいと言われる子もいる。子どもが実際には自分を親から切り離しているのに、手がかからなくていいとほめられる。

●殴ってやる、捨ててやるといった厳罰を下すという脅し。実行はされなくても、従わなければどうなるかわからないという心配と恐怖によって子どもを支配する。きょうだいが体罰を受けているのを目撃し、その記憶で支配されてしまう子どももいる。

●情愛と触れ合いの欠如。幼児期に肌に触れられた経験はあっても、それ以降は情愛を示された思い出のない子どももいる。

●遊びや笑い、のびのびした振る舞いが許されず、こっそりやるか外でやるかしかない。子どもが子どもらしくできず、「小さい大人」になるよう期待される。ここから伝わるメッセージは、「ぐずぐずしないで大きくなれ。子どもは嫌いだから」。

●子どもの年齢に見合わない育て方。小さい子に幅広く過大な責任を期待する親、あるいは年長の子を縛りつけて成長や親離れを邪魔する親。

●愛情過多と過保護。子どもは「お母さんのほうが私を必要としているんだ。そばにいてあげなくちゃ」という気持ちになる。

●ムラのある子育て、気まぐれな子育て。一人の子どもをひいきして、ほかの子を常に批判したり目につく虐待をしたりする。気に入られているほうの子も、あからさまに虐待されている子と同じくらい心理的虐待を受けている。

大人になった犠牲者は、次のような虐待や問題に耐え続ける。

●友人、きょうだい、親戚に極度に依存した関係。これは、彼らが人の相手をしてやり、世話を焼いて支える役を果たす「一方に偏った」関係で、報いは稀にしかない。

●電話によるいじめ。犠牲者は、彼らに依存してくる人たちからの電話に悩まされる。自分の悩みや必要や要求から昼夜問わず電話してくるのだ。そういう人たちはまた、あらゆる機会をとらえて彼らをこきおろし、やりこめる。犠牲者は、電話を切るという選択肢が自分にあると思わないし、いじめをしかける相手の気持ちを傷つけようとも思わない。犠牲者たちのモットーは「誰かが傷つくのなら、私が傷つくほうがまだまし」なのだ。

●配偶者やパートナーの浮気や愛人関係。ほかの誰かがどんなに魅力的かという話を配偶者から聞かされても、態度に出さない人もいる。

●セックスの強要。身体的虐待よりもむしろ心理的脅しによって果たされる。虐待者は、「求めに応じないなら、二人の暮らしはみじめになる」ことをわからせようとする。セックスを楽しまない犠牲者は「不感症」と呼ばれ、そこには犠牲者の気持ちへの思いやりも身体的不快に対する配慮のかけらもない。

●親密な異性に対して、セックスをお預けにして怒りを表現し、支配権を保つ。

●愛する人にわけのわからない気分変動や「ジキルとハイド」的人格が見られ、犠牲者はそういう状態への順応、防止、隠蔽などを期待される。

●経済的虐待

扶養する約束をしていたのに、職に就いたり家にお金を入れたりするのを拒む配偶者やパートナーとの共同生活。彼らはたびたび失業する、あるいは単に職がなかなか見つからず長い時間がかかる。

金銭的剝奪による支配。稼ぎ手の金銭管理が厳しく、配偶者や家族に最低限のお金しか渡さない、またはまったく渡さない。収入のことは固い秘密。

強迫的な買い物、クレジットカード依存、ギャンブル依存が原因で、アルコール依存の場合と等しい経済的・心理的に手に負えない状態が続く。依存者本人を含め多数の犠牲者が出る。

●無責任で相手にならない配偶者。予測のつかないことではあるが、多くの人が、しつけや指示や養育を求める一人の子どもをふと発見する――自分の傍らにいる配偶者のなかに。彼らは相手の助けにも支えにもならないばかりか、子どもと同じだけ要求し依存し、誰かがそれに応えてくれると考える。

●自分の子どもによる虐待。物事の限度がはっきり示されていないと、子どもはそれが示されるまで、言葉で、ことによっては身体を使って要求を出してくる。子どもが思春期に入って権威に敬意を払わなくなったとき、多くの人がしつけ不足が招いた結果と取り組むことになる。まったく手に負えなくなって、親は「玄関マット」のように子どもの僕《しもべ》になる。

●職場でのいじめ。家庭だけでなく仕事場でも犠牲者は見つかる。彼らはセクシャル・ハラスメントや不当なストレス、要求、圧力などをかけられ、やめてくれと言えない。彼らは週四十時間、つらく不快な労働条件の下で、言葉のいじめをする人や過度に依存してくる人たちと一緒に過ごさなくてはならない。簡単に上司や同僚の「ペテンにかかり」操られる犠牲者は、虐待者にとって格好の餌食なのだ。彼らは仕事があるのをありがたく思えと言いくるめられ、虐待に耐えて仕事を逃がさないようしなくてはならない。

これらの「大人の虐待」を見直してくると、完全に無力な犠牲者はいないということがわかってくる。私たち大人にとって、まるきり選択肢がない場合はごく稀にしかない。けれども、心に留めておいてほしい。いじめられている人が本当はどういう人間なのか、そしてどんな生活をしてきたのかということを。

もしも彼らが、虐待されている親を目撃し、自分もまた親から虐待される家族システムで育ったなら、実際、彼らに選択肢はあるだろうか。健全な選択と限界設定のモデルがなかった犠牲者には、今の環境が正常かどうかを測るものさしはない。特に、より微妙な日常的虐待には極端なところがないし、面と向かって「波風を立て」事態を悪化させるリスクなど冒す気にはならない。彼らの反応はこうだ。「悪くないわ。少なくとも夫がいるわけだし……少なくとも殴られないですんでいるのだし……子どものときよりはよっぽどいい……」。一度知識を与えられ、それなりの扱いを受ければ、ACも次世代ACも選択ができるようになり、だんだん人生の充実度に責任をもてるようになっていくのだが、しかしそうなるまでは、なじんできた犠牲者的生活態度を続けていく。

## 犠牲者的生活態度

犠牲者たちは「なぜ私が?」と問うことしきりだ。彼らは、気がつくと虐待的な状況にはまっているというパターンの連続に失望し、わが身の破滅が神様の思し召しだ、自分は幸せになれっこないといった結論を出す。犠牲者化を呼び込む感情と行動を知れば、この悪循環から抜けられるようになるのだ。ある人が犠牲者的生活態度をとっていることがわかるはっきりした兆候がある。

## 1　ほとんどの生活領域で、限界や境界線を決められない

まず第一に、犠牲者はアイデンティティーの発達が不十分で、自分が何を望み、何が好きで、何を信じ、どう感じているかがわからない。その結果、このことを知っている人が相手だと、どんな間柄であっても、非常に不利な立場に立たされる。実際には、選択や決断ができなくても、喜んでやってくれる人がいるものだが。

これは犠牲者にとってすべてに通じる問題となり、結婚や子育て、友情や仕事上の人間関係にも影響を及ぼす。彼らは「ノー」という言葉には縁がない。周りの人たちの要求が収まるのを待ってみたり、不満をそれとなく伝えようとしたりする。彼らがよく口にする表現は「いつになったら私の番が来るの？　誰も感謝してくれないのね！」であって、「今日はあなたの頼みを聞く気にならないの」とは言わないのだ。

稀に自分の欲しいものがわかるときもあるが、そんなときでさえ、どう伝えたらいいのかわからない。

例――ジョアンヌは夫に無視されているような気がして、一緒に映画か食事に行きたいと考える。彼女はこう言う。「ジョーはまたスーを映画に連れていったのよ。私たち、どこにも行ってな

いわね！」。ジョアンヌはこれで自分の要求を表現できたものと思い、話がうまく進まないとがっかりする。そしてスーにこう言う。「全然ダメなの。頼んだけど聞いてもらえないのよ」。犠牲者は、自分がはっきりものを言う率直な人間だと信じている。「あなた、自分が利用されてどんな気持ちがしたか、その友達に話したの？」などと聞かれると、「あの人は私の気持ちをわかってるわ！」と答える。

根っからの犠牲者には電話機も敵に見える。彼らの生活はそれに支配される。電話が鳴ったら受話器を取り、相手が満足して話し終えるまで耳を離してはならない。それが自分の務めであり義務だから。電話が鳴るのは、午後五時、夕食のしたくをしているときかもしれない。三歳の子は棒立ちになって泣きわめき、十歳の子は宿題を手伝ってくれと言っているのに、電話の向こうの「友達」は、職場でさんざんだった話を聞いてほしがっているのだ。

私は、ある二十七歳のアダルト・チルドレンに、日頃自分が責任を感じている人たちを全部分類してリストにしてみてほしいと言ったことがある。以下がその回答だ。

●アルコール依存から回復中の夫。ＡＡに行かないで、妻に精神的に寄りかかっている。
●子どもたち。三歳、五歳、六歳。
●アルコール漬けの姑。毎日電話してきて、彼女の家計のやりくりに口出しする。
●教会の聖歌隊。週日の夜二回と日曜に歌ったり練習したりする。

●彼女の所属するＡＡグループと彼女がスポンサーになっている二人の女性。
●アルコール依存問題を抱える妹。近所に住んでいるが、週に何度か結婚生活のことで電話してきては泣きわめく。
●週一度の教会の集まり。数時間の「聖体礼拝」の間、そこにいて静かに祈禱していなくてはならない。

限界設定を覚えればこれを変えられるという考え方は、この女性にとってまったく聞いたことのないものだった。自分がどれだけ我慢ならない状況に置かれているか、彼女はまるでわかっていなかった。私の助けを借りて、自分のエネルギーは本当に大切なことに注がなくてはならないと気づいたのだ。

境界線という問題も犠牲者には難題だ。境界線の設定は、たいていの人は特に意識しなくても身につけられる。両親や大人たちが適切な境界線のモデルを見せ、私たち自身の境界線も教えて尊重してくれるから。自分が離れたくなったときやぬくもりを求めたときの親の反応を手がかりにして、子どもたちは将来、人とのちょうどいい距離を自分で決める頼りにできるだろう。物質依存や共依存の家庭では親自身が犠牲者だから、自分の境界線という認識はまったくない。

ハリー叔父さんが十二歳になったスーザンをずいぶん長く抱きしめていても、ママ（彼女はアダルト・チルドレンなのだが）は何も言わない。スーザンが文句を言うと、そんなの考えすぎでしょ、叔父さんのことをそんなふうに言っちゃいけません、と言われる。スーザンは自分の本能を信じてはいけないと言われたことになる。やがて彼女はその本能をなくしていく。

性的虐待が一度限りの出来事であることは稀だ。子どものときの乱暴された経験を軽く考えてしまった人は、何かがおかしいときにそれを感じ取る能力をなくす。その結果、彼らは犠牲者となり、繰り返し性的虐待を受けてしまうのだ。パパやハリー叔父さんに始まって、兄弟、その友人、医師、セラピストなどと続く。不幸なことに、犠牲者は自分を責めてしまう。男心をそそったのは自分だ、自分は悪魔だった、それを引き寄せたのだと思うのである。私は引き寄せられるものだとは思わない。問題は、気づくのが遅すぎて防ぎようがなかった、そしてまた、それを撃退する道具と力が彼女たちになかったということなのだ。

## 2　恐怖感が何よりも強い

基本的に、他人の反応や行動に対する恐怖が犠牲者の動機づけとなる。丸く収められるなら、どんな選択も辞さない。何をしたいか、どの映画を観たいか、夕食に何を食べたいかなどと自分に聞くことのできない彼らだが、ほかの人の希望や要望には「過剰に気を配る」。大事な人の感情や欲求を査定し、必要とあらば数秒以内に、より気に入られそうな選択をする本能的な力を彼らはもっている。

皮肉にも、人を喜ばせようとすればするほど、彼らは相手の神経を刺激してしまう。すべての人を同時に喜ばせるのはできない相談で、母は私と一緒にいて幸せでも、夫はそうではない。非難や怒りを買うことに恐怖感をもち、暴力を振るわれ見捨てられないかと恐れる。条件つきの愛に慣らされてきた人は、相手の望むことをやり、愛情と承認の獲得という一点のみにエネルギーを注ぎ込む。

犠牲者は、今この瞬間をくつろぎ楽しむことはまずない。自分がいる「べき」場所をひどく気にかけたり、自分を待っていそうな人の心配をしたりするからだ。迷惑したり苦労したりする人がいてはならないのだが、もちろん犠牲者本人はそこに含まれない。彼らは、家族メンバーの気分変動や「ジキルとハイド」的人格に長年順応してきて、思わしくない反応を予期しながら暮らしている。

この恐怖心が犠牲者を格好のカモに仕立てる。人を思いどおりにしたい、あるいは自分の考えを押しつけたいと思う人がいて、言葉の暴力による威嚇や脅しができるなら、疑いなく勝利するだろう。犠牲者のもろく乏しい自己評価は、単なる意見の食い違いという一撃にすら耐えられず、自分は正しいと信じるときでさえ、やがて降参してしまう。

恐怖はどんどんふくれあがっていく。子どものときから犠牲者だった人の場合は特にそうだ。そしてその恐怖は、身体が固まりそうな将来への不安や懸念に変わっていく。判断を誤る恐怖もあるので何も決断できなくなる。

専門家たちの善意も、犠牲者の優柔不断が原因でしばしば頓挫する。犠牲者本人や子どもの生存がかかった瀬戸際でさえ。一人きりになってしまう恐怖が何よりも大きな威力をもち、加害者なしでは生きていけないと犠牲者に思い込ませて、虐待的な状況に閉じ込める。

### 3　強迫的に親密性を求める

私はかつて思春期の少女を収容する施設で働いていた。少女たちは、情緒的欲求はおろか物質的な必要さえ満たされない家で育っていた。十分な食料を得るために盗みを強いられていたし、多くの少女が飢えて路頭をさまよう時期を経験している。施設に収容された彼女たちには十分すぎるほどの食事が与えられ、間食のスナック菓子もどっさり手に入った。食べ物に不自由しなかったにもかかわらず、食料を盗む少女の姿はよく見られた。食料は寝室に隠されて腐っていくだけだったが、すべては十分にもらえない恐怖のせいだったのである。

これが虐待の犠牲者の心の動きなのだ。むらのある養育にどうにか耐えてきた彼らは、親密さとは何かを知らないながらも、自分にないことはわかるので、あらゆる機会をとらえてそれを手に入れようとする。ある人はこれを「彼らのお腹には穴が空いていて風が吹き抜ける」と表現する。その穴を埋めるために大量のエネルギーが費やされるが、不幸にも犠牲者たちは「いつも間違った場所で愛情を見つけよう」としてしまうのだ。

親密さを強迫的に求める彼らは、時々、のぼせや異性への傾倒を本物の親密さと取り違えてしまう。身体に触れられ、求められ、多少なりとも面倒をみてもらえるのは、すばらしい気分だ。出会ったばかりの胸ときめくこの人に生活のすべてを傾ける。三カ月もたてばカエルに変わる人物に。犠牲者は「あなたはカエルよ」と言う代わりにこう言う。「私が充分待ってあげれば、上手なキスをしてあげれば、あの人は王子様になるの」。こうして待ち続け、この人を理想の異性に変えようと努力する。それと同時に、支えになるほかのもの、友人、興味のあることなども全部捨てて、最初に感じたすばらしい気分の再現にエネルギーを捧げ尽くすのだ。

親密になれる能力のある適度に健全な人にまぐれ当たりで出会ったら、犠牲者はこの人を人質に取り、所有欲と不安感で二人の関係を打ち砕いてしまうかもしれない。自尊心が低い彼らは、いいことに出会ってもそれを受ける値打ちが自分にあると思わないし、本当にそこにあると信じもしない。犠牲者は嫉妬に圧倒されて、根拠のない疑惑や非難をパートナーに浴びせ、追い払ってしまうこともある。

別の種類の犠牲者は、こうした数々の困難を体験しつくし、あまりにもつらいから一人でいようと決意する――必要とあらば、永遠に。

犠牲者たちは友人に対しても同じように振る舞い、親密さや安心感を感じる以前に、いつも自分の相手をしてくれること、終わりなき忠誠を尽くしてくれること、裏切り一つなく自分だけのものでいてくれることを期待する。親密さとは何かという現実的な考えのない犠牲者が、それを見つけることは稀だ。家族同士に始まって、同性の友人、異性の友人、デート、そしてロマンチックな間柄に行き着くという、段階を踏んだ普通の親密な関係の経験が彼らにはないのである。

## 4　反応が少なすぎる人と多すぎる人

犠牲者は、生活のなかで苦痛を抑圧し大きな虐待を見逃すことを習得してきている。先に挙げた虐待に耐え忍ぶ多くの人は、何一つ問題とは思っていない。私たちが見たらショックを受け怖がることに、彼らは控えめな反応を示すのだ。

犠牲者は一度に一日、一度に一つの出来事を生きるのが精いっぱいで、決して全体の状況に目を向けないし、自分が繰り返し同じ苦境にはまることや人間関係に同じ虐待パターンがあることにも気づかない。危機また危機の生活のなかで激怒し深手まで負っても、その深刻さとは真に向き合えない。彼らは不都合なものを隠す技を磨き、もうやらないという約束を受け入れて、また同じことになる保険をかけてしまう。

犠牲者は現実の瞬間にふれたら、起こりうることと向き合わなくてはならない。行動を起こさなくてはならないかもしれないし、決断を下したり、もしかしたら相手との関係がおしまいになってしまうようなことなのだ。恐怖でマヒが始まり、すぐさま彼らはその虐待を正当化する説明を見つける。多くの男女が、何年も浮気を続ける配偶者と共に暮らしている。犠牲者は、はじめは浮気という現実を見るのを拒み、事実を告げる人がいると否定さえする。いったん否定できなくなると、「よその女（または男）」が自分の配偶者を誘惑したのだから、配偶者がその関係から抜け出せば終わりになるというこじつけをする。率直な話し合いもしないし、心のなかで事実と向き合うことも拒む。子どもたちさえもこれに気づいて、事実を否認する犠牲者をつらい思いで見つめるに違いない。この種の否認が何年も続き、一度受け入れられなかったものがやがて病的な受容に落ち着くのを私は見てきている。

人が怒りをその原因に向けられない、またはそうする意志がなかった場合、その怒りはどこへ行くのだろう。身体が代償を受けるのは明らかだけれど、ささいなことへの過剰反応にもそれは認められるだろう。ジュースがこぼれたり誰かが夕食に遅れたりしたことで、長年ため込まれてきた猛烈な怒りが目覚める。子どもやペット相手に突然爆発が起きる。交通渋滞、対応の遅い店員、社会全体、政治家といった、責任などない人たちがとばっちりを受けるのだ。

初めてセラピーにやってきた犠牲者は、不快の理由として、微に入り細にわたってほかの人たちの振る舞いを述べたてる。セラピストや治療グループの観察でそのパターンが指摘されるまで、犠牲者は大きな虐待を隠し続けることが多い。自分をごまかしきって、その大問題に腹を立ててなどいない、苦にもしていないと信じることさえある。

## 5　極端な思考

決定的瞬間、それはたいてい危機の真っただ中で訪れるが、今こそ行動を起こす時だと犠牲者は決心する。激怒と痛手という混乱状態のなかで彼らは逃亡計画を練る——「荷物をまとめてシアトルに引っ越そう」「あいつにわからせてやろう、おれも浮気してやる!」「行方不明になって、自殺したかと思わせるのよ。そしたらわかるでしょう！」「上司に辞めると言おう。こんな仕事、もうどうでもいい」「こんな子たちに私の値打ちなんかわからない。蒸発してしまおう」。

抑圧に支配される段階に入る前、犠牲者の心には、この種のバカげた極端な思考が錯綜する。心のなかで叫んでみると多少は気が楽になる。まるで、もうその行動はしてしまった、リハーサルどおりにケンカをやった、会社を辞めてしまったという気にさえなる。気持ちがすっきりしていったん怒りが鈍ると、それまであった出来事も頭から消えていく。その後、相手と会ったりよく似た状況に出会ったりしても、彼らが感じるのはせいぜい疼くような不快感にすぎない。

危機と危機の合間に犠牲者が夢見るのは、今よりもましな生活、正しい人が現れてすべてを正しくしてくれる時の訪れだ。自分のことを気遣う人たちがいつかこう言ってくれると彼らは信じる。「ジョー、長いことよくやってくれてありがとう。私たち、本当に感謝している。だけど、もう何もしなくていいのよ。今度はあなたの番だから」。

明るい考えと暗い考えの両極端に走るのは、犠牲者の一連のパターンだ。彼らは、物事をすべてよしとするか、まったくダメとするかなのだ。どんないさかいでも、誰かが正しく誰かが間違っていて、勝ち負けがある。こうして彼らは同じところを延々と回り続け、同じテープを聞き返し、何度も何度も同じ問題やそっくりな問題にぶつかって、解決をみることはない。

つまるところ、犠牲者は何もしない。周りからがみがみ言われ脅かされても、きっぱりした行動に出ることは稀だ。いざ決意しても衝動的なもので、たいていはその気になったのと同じくらいすぐ元に戻ってしまう。

児童期に虐待された経験があり、のちの結婚相手は虐待的なアルコール依存の男性、つまり街の飲んだくれだった元クライエントがいたが、家を出てバンで移動しては週末までに戻ってくるのが彼女のお決まりのコースになっていた。たくさんの共依存の人が、数多くの場面でこういう言葉を聞かされてきている。「もうしないから」。

気づまりな職場にいる犠牲者は、ほかの犠牲者を見つけ不満を訴えてうっぷんを晴らしはするけれど、仮にチャンスが到来しても転職はできない。彼らは、セラピストが助けてくれないとか、修理屋にだまされるといった不満をもらすが、何の行動も起こさない。

## 6 受動性

こうした受け身の態度を支える要素は、二次的利得つまり犠牲者でいることの「利益」である。彼らは何もしないことによって同情を呼び、大いに必要とする思いやりを手に入れるが、それは配偶者との関係では得られないものなのだ。

アダルト・チルドレンから私たちが教えられたのは、犠牲者は危機との同居に慣れきっているということだ。危機の間はその事態を乗りきることで頭がいっぱいになるから、穏やかな時が訪れたときに浮上してくる苦痛も感じなくてすむ。一人きりになるのは何にもましてつらい時間となる。もし私たちが自分の存在意義はこれしかないと感じるなら、問題が自分という人間を定義する手伝いをしてくれる。不幸なことではあるが、アディクションの患者が処方箋を書いてくれる医者を次々探すように、犠牲者は昔と同じ話をいやというほど聞かせてくれる人をまた探さなくてはならない。

## 7　自責と罪悪感

虐待の深刻度とは関係なく、犠牲者は自分に大きな責任があると考える。行為の責任は虐待をした人にあると考えず、「あのとき、私があそこにいなければよかった。私がもう少し努力すれば、私が怒鳴り返さなければ……」と思う。ほかの人の生活で起きた同じ出来事を客観的に見れば、自分が無力な立場にいることは彼らにもわかるだろう。しかし、事態をコントロールする力のない自分の姿は、人の力を借りずには見ることができない。

犠牲者は、情報を元に自発的に判断して不健全な状況や人間関係に留まるわけではない。たとえそうだったとしても、それで虐待が許されたり正当化されていいはずはない。私が腹を立てたのが悪いからといって、虐待で応酬する権利があることにはならないのだから。犠牲者は、自分の行ないと虐待者の行ないを区別することも、行動の責任が虐待者にあると考えることも難しい。

## 8　身体疾患とアディクション

ごく手短に言うと、苦痛となる感情、特に怒りが表現されないと、その代価は身体症状で支払われる。身体への出方を感情が特に区別し選ぶわけではないけれど、ねらわれるのは私たちの身体の弱い部位で、それはおそらく遺伝や環境によって決まってくる。私たちにはそれぞれ感受性の強い領域があって、すぐ頭痛に悩まされる人も胃腸の問題に苦しむ人もいるけれど、表現されなかった苦痛は何らかの形で内面化される。

犠牲者に共通するのは多くのストレス性疾患、たとえば偏頭痛、大腸炎、アレルギー、潰瘍、慢性の腰痛、重度のリウマチ性関節炎などだ。患者の自覚がより少ないものとしては、睡眠障害、食欲不振、摂食障害、そして風邪やインフルエンザなど普通の病気が相応の期間内に治らないこと。物質乱用は、犠牲者的生活態度への対処法で、やがてアディクションに発展するおそれがある。このほか、喫煙、食物依存、セックスやギャンブルといったアディクションが出る場合もある。

身体疾患を引き起こす要素として、殉教者タイプの犠牲者が、その役割の本質ゆえに自分の身体を大事にしないという事実もまたある。

病気は、また別の意味で人の配慮を求め手に入れる手段となる。自分に対する責任は、犠牲者的生活態度に組み込まれてはいない。場合によっては、身体的問題が、虐待者（たち）に対して犠牲者が声を発する唯一の手段となる。「私、苦しいの。ウソじゃないのよ。もう傷つけるのはやめて」。

身体を壊せば、休みなく続けてきた世話焼き行為をしなくてよくなるし、正当な理由の下に休息が取れる。もっともな理由がないのに休みを取ってはいけないという気持ちがあるから、彼らは病気になる必要があるのだ。

## 9　魂の喪失

この特質を私はかつて「魂の喪失」と呼んでいたが、今ではそれ以上のものと考えている。これは長期的な虐待の積み重ねが招いた結果で、やがては生きる意欲も奪われてしまう。私にとって魂とは、一人ひとりの内なる子ども（インナーチャイルド）の象徴で、疑いを知らない、正直でのびのびした、自分の存在理由を疑わない部分だ。神はここに語りかけてくると私は信じている。

虐待された経験があり、虐待に囲まれた生活を続けてきた人は、世の中にいいことがある、希望があると信じることなどできない。誠実さや寛容や親切や敬意といった価値あるものを言葉のうえで教わりはするけれど、実際の行動としては、テレビ以外で見たことがない。彼らはこれらを規範にして生きようと努めてきたけれど、そのための道具も経験もないため、さらに傷ついてきた。

犠牲者はだんだん弱っていって、ある時点から自分の価値観のほうを調節して苦痛を乗りきるようになる。こうなると罪悪感と恥の感覚が生まれるのは避けられない。彼らの気持ちは絶えず揺れ動く。「神は私を罰するだろう。私が悪いのだから」「神は慈悲深いけれど、私はその愛に値しない」。一度絶望感が生まれてしまうと、深刻なうつ状態と自殺の危険は常に存在する。

## 10　犠牲者から虐待者になる

虐待をする人は犠牲者でもある。犠牲者は、人にもある程度虐待的にならないと生き延びられない。物質依存や共依存で虐待のある家庭にいる人は、無邪気な傍観者ではいられない。子どもでさえ、弟や妹、友達、ペットに対して虐待行為の印を見せる。「いじめっ子」だった思い出のある大人は数多く、いじめをしたことに罪悪感を感じながら過ごしている。

親として回復するときの障害物は、わが子を虐待した事実に気をとられ、自分の子ども時代の痛みを振り返るのをためらうことだ。機能不全の家族システムでは、加害者も犠牲者も誰もが傷ついている。そこには善人も悪人もいない。犠牲者にとっての回復は、人を傷つけた罪悪感や羞恥心と向き合うよりもまず、過去の自分がどんなふうに傷つけられたかを見つめることから始まる。

### 犠牲者的生活態度から抜け出すには

知的な面での回復は「より楽で穏やかなやり方」だが、犠牲者は、これによって虐待者も自分自身もこの病をも理解しようとする。彼らは、この問題が記された文献を手当たり次第に読み、その誘因や児童期の体験をセラピーグループで議論し、誰が悪かったのでもないというもっともらしい結論に達するだろう。こうして問題を研究し議論し考察したのち、何カ月、何年とたってから、彼らは二つのことに気づく。

1 「私は今も犠牲者だ」

2 「私は傷ついている」

何が間違っていたのかという理解は、大切な一過程ではあるけれど終着点ではない。相手は虐待せざるを得なかったと理解したとして、自分のそれまでの苦痛はどうなるのか。虐待とは「感じる」ものであり、ダメージを与えるものであり、虐待する側の論理や責任とは関係ない。犠牲者は、今抱えている傷が癒やされるまで、これまでと同じ生活を続ける。私の見方では、虐待からの回復には三つのステップがあって、ここで求められるのは専門家の介入、強力なサポート・システム、生活態度の大幅な変化である。

最初のステップは、虐待をきちんと認識すること。これは、本書を読んでいくうちにたまたまできてしまう人もいるだろう。そうでない人は、十二ステップ・ミーティングに参加して体験談を聞くことで、自分自身の過去を知らされるだろう。ほかの人を援助する「訓練」を受けている間に、自らの過去にあった虐待に目を開く専門家もたくさんいる。どの入口から入っても、最初の気づきはかなり苦しいものだ。

虐待を見極めていく間に秘密のベールが取られ、犠牲者は認める。「あれはひどかった。私は傷ついた。子ども時代を奪われていた。あんな扱いをされることなんかなかったんだ」。
常にそうとは限らないけれど、記憶の洪水が押し寄せてくることもある。しばらくせき止められたままの人もいるけれど、そういう人も、今の自分は犠牲者以外の何者でもないから、これは過去と関係あるはずだと気づく。虐待の具体的な記憶はすっぽり抜けているから、犠牲者はまず現在から手をつけ、盗まれたものを時間をかけて取り返す必要があるかもしれない。回想の用意ができれば記憶はよみがえる。この時点で、親や元配偶者に対する怒りがわくことも珍しくない。一度にすべてがはっきりすることはめったにない。虐待の見極めは一度限りの出来事ではないし、怒りや非難を向ける対象もその過程でたびたび入れ替わる。大切なのは、何かが間違っていたという現実に犠牲者が向き合うことなのだ。

　次世代ACにとって、このステップは三つのなかで最大の難関かもしれない。ごまかしや隠しごと、家族への忠誠心に妨げられて、虐待の存在を考えたり認めたりすることができないのだ。彼らは、過去に対して「正直になる」ために、現在の自分の生活でみられる証拠に目を向ける必要がある。**子どものときのそれなりの訓練なくして犠牲者となることはあり得ないのだから。**

　第二のステップは、虐待を見極めた直後に来るもので、虐待にまつわる感情が浮かんできたとき、それを表現することだ。ここでは専門家の介入が必要になる。信頼できるセラピストまたはグループメンバー（肉親ではない人）のいる安全な場所であれば、犠牲者も怒りをありのままに表現できる。大多数の犠牲者の怒りは表面すれすれのところにあるから、強制されたり引き出されたりする必要はない。怒りのもとには深い悲嘆がある。それまでの人生で経験してきた、数多くの喪失に対する悲嘆だ。表面に出てきた感情は、そのまま聞いてもらう必要こそあれ、魔法のような出来事、つまり感情の表面化自体が万能薬であると考えてはならない。もしも感情がうまく表現されなければ、その人は「身動きのとれない」感じになるだろう。そして、それまで得た気づきも全部むだにして、同じパターンを何度も繰り返している自分に気づくのだ。

自分を虐待した相手に直接怒りを表現すると、長い目でみて極端に大きな痛手を生む場合がある。けれども、虐待をした側もされた側もサポートされ、怒りを扱う手段も対等であるセラピーの場であれば、これも深い癒やしとなりうる。これ以外のどんな環境でも、うまくいくことはまずない。セラピーグループは、悪い結果を生まずに感情の放出ができる、より健全な機会を提供できる。

怒りと悲嘆がいったん放出されると、少なくともある程度は以前よりも自由な気持ちになれて、人との新たな関わり方を試してみたくなる。もういやな気分にならないというのではなく、かつてのような猛烈な怒りは感じなくなるということだ。しばらくすると、激怒ではなく、不快感やいらだちという正常範囲の怒りを味わうようになる。

グリーフワークは、さらに時間のかかるプロセスだと私は考えている。これは、セラピーの初期に放出できるようになるけれど、事件のあった過去の日付、記憶を呼び覚ます場所、悲しい映画や傷ついた幼児を見たことなどをきっかけにして傷がよみがえったときに、長い年月の涙を受け入れていくプロセスなのだ。私たちは健全な大人として、これらの機会を利用してグリーフワークをやっていけば、年月が過ぎていくうちに悲嘆が消えた気分になるだろう。かつて爆発しそうだった感情は、回復期の人にはコントロール可能なものとなる。彼らは、その表現にふさわしい時と場所の選択を教わるのだ。

犠牲者的生活態度から抜けるプロセスの最終ステップは、多くの人が最初にやろうとしたこと――「理解」である。先の二つのステップを通ってしまえば、理解はかなりたやすくやってくる。それは、病の力学についての研究も勉強も必要としない、ただ他者も自分も等しく犠牲者であるという受容の心だ。

以前はなかなかつかめなかった安らぎや落ち着きも、今では固い決意や意志の力によってではなく、身をゆだねることで手に入る。親しい人たちとの間で、話し合いや限界設定や「大掃除」がされなくてはならない。かつての犠牲者は、自分をこういうふうに扱ってくれと人に教えられるようになる。彼らからにじみ出る自尊心が、同じくらいの自尊心をもち、その人柄に敬意を払ってくれる人たちを引きつけるだろう。

## まとめ

虐待のある家族システムにいると「犠牲者的生活態度」が養われてしまう。たくさんの人が児童期により微妙な虐待を受けていて、成人後の生活でもある程度このパターンを繰り返す「下準備ができて」いる。犠牲者的生活態度を示す指標は、以下のとおりである。

- 限界や境界線を決められない
- 恐怖心が何よりも強い
- 強迫的に親密性を求める
- 反応が少なすぎる、または多すぎる
- 極端な思考
- 受動性
- 自責と罪悪感
- 身体疾患とアディクション
- 魂の喪失
- 犠牲者から虐待者になる

ここから抜け出す方法は、まず虐待を見極め、次に苦痛を表現し、最後は理解し解放するという三段階のプロセスである。

# 第5章　ACと次世代ACのための治療の選択肢とセルフヘルプ

本章に収めた情報には、明らかに筆者の専門的・個人的経験による偏りがある。共依存の治療には、「最適の場所」も正式な方法もない。私たち専門家は年月をかけて多くのことを学んできたし、経験を積んだセラピストであればその人なりのやり方があるだろう。大切なのは、どうするとうまくいかないのかという感覚を私たちが研ぎ澄ませてきたこと、そして、現在では本人の要望に応じた選択肢が数多くあるということだ。

自分に共依存の問題があると思い当たったとき、その人がまず考えるのは、残念ながら治療を求めることではない。専門家の援助が必要だと認める前に、彼らはたいてい「知識を身につけて回復」しようとする。私たちも対応に努力はしているが今の時点では口コミが主だから、かなりの効果はあるにしても、必ずしも正確な情報が供給され適切なところに紹介されるとは限らない。治療を受けたアダルト・チルドレンは、しばしば深く感謝し、それぞれの友人五人に治療機関を紹介する。

この紹介法はかなり感情に左右されるので、利用者には、そこで行なっていることを知らせるだけではなく、プログラム、施設、開業セラピストについて、正確な説明が欠かせない。できることなら、多くのところでそうしてほしいものだ。ひとこと注意を述べておくと、アダルト・チルドレンとの取り組みを始めたばかりの多くのセラピストは、次の世代にまで援助が必要なのを知らないことがある。さらに、提供されるサービスも、その最も重要な目標、たとえば教育を目指すのか治療を目指すのかといったことが、クライエントに知らされるとは限らない。本章の意図は、読者が「賢い消費者」、つまり質問ができて必要なものを見つけられる人になることである。

## よくある質問——AC・次世代ACの治療に関して

### 1　アルコール依存の親や祖父母をもつ人は、必ず治療が必要ですか

昔からの言い回しである「ちゃんと動くなら、修理しないこと！」が当てはまる。皆が皆、同じように同じタイミングで影響を受けるとは限らない。私は治療を一つの選択として考える。これは、一つ、あるいはそれ以上の生活領域で苦痛を感じている本人が選ぶものなのだ。軽はずみな選択であってはいけない。もしこれがより良い機能に向かう人の力になるとしたら、精神面・時間面・経済面での大きな投資、そして苦痛と「ともに歩んでいく」意志が求められるだろう。

セラピーを受ける決意をするということは、日常生活でさまざまな感情が表面化してきたとき、

たまには間の悪いことがあっても、ある程度混乱に耐える用意ができているということだ。セラピーを受け始めて最初の数カ月は特にストレスが増す可能性がある。

公的機関の介入が必要な場合もある。その人の行動や感情から、深刻な身体的問題、雇用や家族の問題が引き起こされるときは特に。

四十七歳のドンはアダルト・チルドレンで、仕事や健康の面で問題があり、家庭内でも共依存の徴候を見せていた。日増しに気が短くなっていたし、慢性の頭痛に悩まされ仕事上のミスがたくさん出ていた。いざ仕事となるとドンは日に十時間から二十時間働き続け、見るからに消耗しきっていた。家庭でのドンは子どもたちに関心をもてず、妻との関係も冷ややかで何かにつけて腹を立てていた。

ドンの否認は大変なもので、自分の置かれた現実も目に入らなかったし、援助を求めることもできなかった。運良く、同じくACだった妻が回復途上にあってこの徴候に気づき、夫の勤務先のEA担当者（訳注　従業員のメンタルヘルスを支援する人）に連絡することができた。かつてカウンセリングを一緒に受けるよう夫を説得して失敗した経験が、彼女にはあった。

彼女に残された選択肢は、夫の精神的な死、ことによると肉体の死に至るのを見守るか、専門家に援助を求め公的介入をしてもらうかだった。数週間にわたる準備期間と同僚や友人の力添えがあって、ドンは共依存の入院治療プログラムを受けることに同意した。

介入の土台に愛情と配慮があったたし、ドンも傷つき疲れていたから、治療への反応は非常に良好だった。家族が病気の進行を食い止めようと骨折ってくれたことを、ドンはとてもありがたいと思った。

私はよく家族の皆さんに、わかりきったことをするように——公的介入に進む前に、本人に援助を望むかどうか聞いてみなさいと勧めている。介入がうまくいけば家族にとって得るものの多い経験になるけれど、関係者全員に精神的負担がかかるし、常に介入が必要なわけではない。本人自身が援助の希望のあるなしを直接聞かれたことがなく、治療という選択肢が示されていないこともあるのだから。

「まいっているんじゃない？ 援助してくれるところもあるのよ、もし興味があればだけど。この番号に電話すればいいよ」といった言葉から治療につながるかもしれない。共依存の人たちは、アルコール依存から回復中の人でさえ、共依存のための特別な援助が必要なことも、実際にそれが地域で得られることも知らないのだ。自分の問題の所在がわかる人がいるのを知って、彼らはしばしばびっくりする。

極端な否認のある人を除いて、ほとんどのアダルト・チルドレンは、一度教育を受ければ、自分に治療が必要か、治療を望むかという判断がつけられるようになる。必要だと判断しておきながら先送りや全面回避を選ぶ人も多い。**彼らにはそれまでの生き方を続ける権利もあるのだ。**私たちは人の人生の充実度の審判はできないし、あなたは「病気」だから自分を変えなくてはいけないなどと決めつけることもできない。それぞれの人が、治療を始めた場合手に入る可能性のあるものと失うおそれのあるものとを秤にかけなくてはならない。実際に経験する苦痛は予想を下回ることが多いのも事実だ。治療後一年を経過したアダルト・チルドレンの以下の発言には、現実を踏まえた明るい結果が反映されている。

「治療の場はすばらしいところで、現在と過去を実感できるようになりました。治療に入って以来、いい意味で人生に対する飢えを感じられるし、うまくいく見込みは少なくとも、家族との間で安らぎと愛情が育つ方向に私は進んできました」

「私は神様に感謝しています。何もかもがひどい状態で治療を受けざるを得なかったことを。この一年はこれまでで一番大変な年でしたが、おかげで、これから迎える年月は最高のものになるでしょう。今このとき、二十五という年齢で、私は自分自身であることを学びつつありますⅰ……。私はとっても幸せです――そして、もう悲しくなんかありません！」

「治療を受けたことで、私の人生も人生観も一変しました。治療にかかる前に〈怖がっていた〉ことは一つも起きませんでした。いやなときももちろんありましたけど、予想とは違っていました。実際のところ、アラノンやアダルト・チルドレンのミーティングも、治療を受けるまでは役に立ちませんでした。今の私には、こういったグループもＮＡ（薬物依存者のための自助グループ）も、同じくらい必要なのです」

治療が完了した時点であれば、それだけの価値があると証言できる人は大勢いる。しかし、どんな利益があるかを事前に知り、進んで選択する人は、治療の成果により責任をもてるし、得るものも多くなるだろう。

## 2　ACの治療とは、苦痛をほじくり出して何のサポートもせず、「血のにじむ思い」をさせるものですか

多くのアダルト・チルドレンは、治療を受けた結果、機能不全になることや気持ちのもっていき場のなくなることを恐れる。性格上の欠陥を顕微鏡で検出し、その人が無自覚にもっていた人生の問題を発見し、児童期の痛みに気づくといったマイナス面に焦点を合わせる作業は、第一歩として欠かせない。そこは大切な「訪問」地ではあるけれど、住みつくところではない。アダルト・チルドレンは、こんなにいいことがあるという理由から治療に入るわけではない。回復に向かう動機づけとして、「良い知らせ」を知る前に「悪い知らせ」に目を向ける必要はあるけれど、これは彼らがここに来るまでに十分学んできたことであり、困難をものともせずやり遂げてきたことでもあるのだ。

その人の長所が見つかると、そこからすぐ効果的な治療が始まる。これが回復の土台となるべきものだから。明るい面を強調することで、ＡＣや次世代ＡＣは自分にこのプロセスをくぐり抜ける能力があることを信じられるし、より健全で機能した状態になれるという希望をもって痛みと向き

合える。

短期間の入院治療プログラムと回復期治療を一年間継続したアダルト・チルドレンの追跡調査を見ると、これが建設的なプロセスだったことがわかる。苦しい道のりだったにもかかわらず治療を完了した人たちの発言には、これをやり抜く理由を自分はわかっている、癒やしは訪れるという信念が表れている。彼らが「自分のものに」したり受け入れたりできなかったポジティブな資質は、それらはまやかしにすぎないという思い込みと入れ替わりにアイデンティティーに組み込まれる。

治療を求めるアダルト・チルドレンの大多数は、過去の苦痛が一度によみがえるのかと考えたり、「否定的なフィードバック」を予想したりしておびえる。多くの人は、ほかの人に打ち明けてみて、初めて自分にも喜びの感情があったことを知り、遊んだり笑ったりすることが泣くのと同じくらいたやすいと教わって、ショックを受けるのだ。

治療のプロセスで教わる考え方で一番大事なのは、サポートシステムという概念だ。愛情にあふれ肯定的で受容的な人たちがついていれば、私たちは何でもできるようになる。これがあることで、ACも次世代ACも自分を変えるのに必要なリスクを負えるようになる。自分が一人きりではないこと、またそのプロセスでずっとサポートが受けられることを知るのだ。

もちろん、少なくとも初期段階では、セラピストがサポートの重要な部分を占めるのだが、それにも増して欠かせないのはピア・グループ（同じ問題をもつ仲間たち）、つまり、その存在が信じられる「現実の人たち」である。セラピストはセラピーグループ同様、束の間のものだ。大切なのは、十二ステップのサポートグループや家族や友人との間でしっかりしたネットワークを築き上げることである。このネットワークは、頻繁に更新されるかもしれないが、常に身近にあるものだ。

### 3　実際に治療は受けられるのでしょうか。セラピストが回復経験をもつACか、AC問題に精通している人でなければ、効果はないのでしょうか

ACを治療する資格をもつ人がいないという発言を、私はよく耳にする。この問題の中心にはセラピスト不足という現実があるだろうが、私は、一部の共依存の人に見られる一に十を期待する考え方に基づく思い込みもあるように思う。目の前に治療がなければないも同然、また、不備が少しでもあれば治療の効果はないという考えだ。

優れた治療は存在する。米国ではNACA（全米アダルト・チルドレン協会）などの団体がこの情報の普及活動に力を入れている。アディクション分野の専門家も回復中の人たちもなかなか認めようとはしないけれど、共依存に関する訓練経験が特になくとも、質の高いAC治療を行なう優秀なセラピストは存在するのだ。先にふれた追跡調査からもわかるように、セラピストがAC問題に明るいのに越したことはないが、多くのACや次世代ACは、自分に合ったセラピストを探しあて、本を持ち出したり自分の体験を語るなどして、必要な概念を彼らに教えているのだ。最も成功を収めるセラピストは概して、どんな問題も「知りつくした」人ではない。これを素直に認めようとする意志が、治療効果が上がるかどうかの目安となる。

共依存を発見したその日にサービス体制が整っているとしたら、それはすばらしいことだ。事実としては、以前アルコール依存の人の例で見られたように、要求があってこそサービスは生まれてくる。治療の必要を訴えるアダルト・チルドレンはおそらく国中にいる。この概念に追いついたばかりの専門家たちがその要望に追いつくまで、あと数年というところだろう。

ＡＣ治療にはアダルト・チルドレンが必要という考えは、「飲んだくれを治すのは飲んだくれ」というのと同じくらいずさんなものだ。アダルト・チルドレンには根拠十分な恐怖心や不信感があって、自分が通ってきた道をじかに知らない人に自分をゆだねたくないと思うのだ。「そこにいた経験」はあっても自分自身の問題が癒やされていない専門家は少なくない。

ジョアンはアダルト・チルドレンに取り組んできた開業セラピストだ。自らＡＣ治療を求める以前は、よく「自分自身の問題に突き当たっていた」と彼女は認める。セラピーグループで自分のクライエントに涙や怒りを表現させようとしたとき、いつも途中でやめて安全なところ（彼女にとってあまり苦痛にならない、より知的なテーマ）に戻るよう指導している自分に気づいたのだ。自分は治療にやってくる人たちよりも健全でなくてはいけないという考えがあったことと、自分は完璧ではないという感覚が続いたことで、ジョアンは治療を受け始めた。

セラピストにアルコール問題家庭での生育歴があるかないかという事実は、その人の技能や評判ほどには重要でない。特にセラピスト自身が回復のプロセスを抜けてきた人なら、その体験も一つの強みになるけれど、必要条件ではない。

この時点で自分は共依存だと知った幸運な人でも、地域に対応してくれる機関のないことがわかるかもしれない。良いことは「私はほかのアダルト・チルドレンよりも先に問題に気づいた、どこかに助けはある」ということ。悪いことは「そのために六十〜八十キロ遠くまで車を走らせなくてはならない」ことである。

この場合の私からの提案は、週末の集中治療プログラムか入院プログラムを探す、そして自分に合ったセラピストを見つけて六カ月から一年の追跡治療を受ける、というものだ。良いセラピストを探してかなりの遠距離ドライブに出る人は少なくない。「情報不足を呪う」代わりに、必要な援助が得られる道を探すことだ。それができたとき、あなたはネットワーク作りと教育という手段で状況を変え、援助を求める人たちに貢献できるかもしれない。

自分が次世代ACだと知ったばかりの人へ一言述べておこう。

あなたの過去がアダルト・チルドレンのように劇的でないことで、セラピストに治療の意欲が見られない場合は、できればセラピストを教育してみること。けれども、自分が治療を受けるに足る病であると説得するために時間やお金を浪費しないように。家族システムに関する訓練を受けた真にすぐれたセラピストなら、あなたの言わんとすることをわかってくれるし、過去と結びつける手伝いもしてくれるだろう。現在のあなたの抜き差しならない状態は、何かが間違っていたことを十分証明している。あなたは共依存の人たちが集まるグループに迎え入れられ、共通点を確かめる手助けをしてもらえるだろう。

過去の苦痛に取り組みそれを手放して、これまでのところ機能している対処方法を変えようと決めたとき、その人は大きなプロジェクトに着手したことになる。どんな治療方式を選ぼうと、これは重労働だ。まず回復を第一にするなら、最低一年間の取り組みが必要だと私は考える。これは新しい住まいに移ったときや、新たなやりがいのある仕事を引き受けたとき、子どもができたときにやるようなことなのだ。仕事の難儀さが予想されるなら、同じ時期にほかの課題をあまり負わないようにし、セラピーに一定の時間とお金をかければ、治療の過程で腹立ちやストレスを感じないですむだろう。

### 4　アルコール依存や薬物依存からの回復に取り組む人は、共依存の治療を求める前にどれくらいの期間、依存物質を断つべきでしょうか

ＡＣや次世代ＡＣとして治療を求める人のおよそ六割が、物質依存からの回復に取り組んでいる。彼らは自分たちの要望によってサービスを生み出す責任が誰よりも重い人たちである。しらふの状態とは単に依存物質を断つことではないと、彼らはずいぶん前から気づいている。ほとんどの人が長年にわたって依存物質を断っているけれど、精神的苦痛は時とともに増している。

　私が運営する五泊六日の入院治療プログラムでは、現場経験と追跡調査を基に、最低六カ月間依存物質を断つことと十二ステップの回復プログラムへの参加を求める方針をとっている。このガイドラインは、逆戻りの危険を最低限に抑えるために作られた。依存物質を断った初めの一年間にお

のずと浮上する共依存問題を認識させる一方で、つらい感情が目覚めたときにしらふの状態をおびやかさないようにするものだ。

回復中の人たちの追跡調査から、この時期とその後の回復期における共依存治療は、決してしらふを危うくしないことがわかってきた。事実、そうすることで回復の質は高まっているし、こうした治療がなければ起きていた逆戻りが防止できたケースもある。

ラリーは三十二歳。回復中のアルコール依存の人で、AC治療に入ったときは九カ月の断酒歴があった。すでに二十八日間のアディクション治療プログラムを終了、週五〜六日のAAミーティングを含むアフターケア・プログラムを勧められ、それに忠実に従っているところだ。自らの回復にふれるなかで、彼は自分の状態を「ぞっとするような」と形容し、気になっていることを口にした。AAの人たちとつながりがなくて、次のミーティングまでの間、誰に電話しても落ち着いた気持ちになれないと言う。家庭生活は、彼の気分の浮き沈みと抑えきれない怒りのため悪化の一途をたどっていて、妻の我慢もそれほど長続きしないことがはっきり感じられた。面接を担当したカウンセラーは、現在の彼の問題の根には児童期の苦痛があると考え、ACの入院治療を紹介した。

治療を受けた一週間の間に、ラリーは身体的虐待をした父親に対する怒りを大量に放出でき、また、自分で自分をどれほど父親のような人間、つまり「悪人」ととらえていたかにも気づいた。いったん怒りが放出されてありのままの姿を見せてしまうと、ラリーはグループにとけ込み、その過程で人から援助を受ける良さも知ることができた。

ラリーは悲しい気分を抱え少々傷つきやすくなってはいたけれど、治療から離れても逆戻りする「危険」は、怒りと直面する以前より減ったように思えた。一年たって、ラリーはこう語る。「本当に信じられません。AC治療を受けていなかったら、AAにいた一年の間にここまでやれなかったでしょう。妻も治療を始めたし、いろいろなことが良いほうに向かっています。今はAAのミーティングも本当に楽しいし、サポートの大切さについて、皆が僕に教えたがっていたこともやっとわかりました。僕にも幸せになる権利があると信じるようになってきています。ただアルコール抜きでいるだけじゃなくて」。

専門家としての経験からいうと、共依存への取り組みが早ければ早いほど治療もやりやすいし、クライエントにも教えやすい。共依存治療が遅れると、苦痛と折り合いをつけようとして新たな防御態勢とアディクションが始まるため、抑圧される期間が非常に長くなり、感情がますます見出しにくくなる。

断酒を十年続ける回復途上のアルコール依存の人は多いが、彼らは過食やセックス依存、ギャンブルなどの強迫行為といった問題と戦っている。六カ月間の断酒を二度やれば、その間、肉体的に健康にはなるけれど、劣等感はいまだにあって、新たな生き方を人に聞いたり教わったりしようとする。自分のやり方が一番だという確信はまだもてないのだ。

アディクション治療の準備段階でACや次世代ACである人を確認し、アフターケア・プランの一環として共依存治療を紹介するのもまた望ましい。アディクションをもつ人への指示がその時点で具体的であればあるほど、本人がやり抜く可能性も増える。

たとえば紹介状を出すこともできるし、AC治療の開始予定日を六カ月先に設定することもできる。近々援助が受けられるとわかれば、最近断酒を始めた人が苦痛をしのぐ助けになるときもある。最初の六カ月にACミーティングに出席するかどうかは本人の判断によるが、一般的には望ましくない。

六カ月というこの方針にも、稀に例外はある。共依存が直接断酒の妨げになっているのがはっきりしている人たちだ。彼らは、充実したアディクション治療を場合によっては何度か受けたことがあり、AAにも出席しあらゆる指示に従いながら、いまだに断酒が守れないでいる。薬剤を使ってさえ彼らの苦痛は抑えられない。そういう人たちは、児童期の別のトラウマ、つまり近親姦や深刻な虐待の被害者であることが多く、こうした体験につきまとわれているのだ。いったん依存物質から抜けてしまえば、共依存治療ももう害にならないし、多くのケースで役に立っている。

## 治療とは何か

アダルト・チルドレンを対象にしたサービスの範囲は、ここ四、五年、米国全土で非常に急速に広がっている。大変新しいものがほとんどで、利用者が増えていけば学習もし変化もしていく。回復のプロセスで何が作用し何がしないかという知識に私たちが通じていけばいくほど、「治療」という語も、共依存に当てはまるものとしてより明確に定義される。治療にこれが正しいというやり方はないけれど、共依存の人たちを、それぞれ異なった苦痛と強さの段階にいる人としてとらえることが大切だ。たいていのサービスは多数の人の便宜を図るようになっているが、ほかの専門家との連携もできていて、特殊な問題や複雑な状況にある人の要望にも見合うようになっている。アダルト・チルドレンはアディクションの分野に、精神保健と家族療法の橋渡しをするという類のないチャンスをもたらしたのだ。というのも、彼らから私たち専門家に提出される問題のリストがシンプルであることはまずないのだから。

理想としては、治療施設や公的機関、開業セラピストを通じて、ACや次世代ACがそれぞれの地域で一定の専門的サービスを受けられるのが良い。

## 教　育

多くのACや次世代ACは、この地点からスタートしている。危機が差し迫っている人は教育とセラピーを同時に受けることもあるが、ワークショップやセミナー、本その他、可能なものから始める人がほとんどだ。

数週間前、私は三百人の専門家と、アダルト・チルドレンの運動に興味をもつ「一般人」を前に講演をした。話は一時間で終わったけれど、もし時間が許されていたならその後、苦痛の訴えや質問に対応するのにまる一日かかっていただろう。翌朝、私はＡＣ治療プログラムの予約電話を八本受けた。

教育は人を傷つけることもないし、すでにある苦痛に気づかせ、ただ説明してくれる。それに対してたくさんの人が、やっとわかってくれる人に会えたことに安堵して涙を流す。講演のたびに私は、自分にもアルコール依存の祖父母がいることを強調するけれど、後で同じ次世代ＡＣの一団から必ず感謝に満ちた言葉を聞かされる。自分たちの体験の正当性を認めてくれる人は、彼らの私生活で過去に一人もいなかったのだ。

多くのセラピストや機関が、アダルト・チルドレンをテーマとした無料教育セッションの広告や案内をするにあたって、消費者の飢えに気づかされつつある。こうしたセッションが、機能不全家庭で育ったアダルト・チルドレンという標題、あるいはこれに類した幅広い名称の下に市場に出てきてほしいというのが私の希望である。皆さんを歓迎しますよと打ち出さないと、次世代ＡＣその他生育家庭で苦しんでいた人たちは、自分と結びつけて考えられない。次世代ＡＣだという明確な特定は私たち専門家の仕事だとしても、彼らの七五％は自分にアルコール依存の祖父母がいるのを知らないということを思い起こす必要がある。

大切なのは、ＡＣや次世代ＡＣの治療に教育的要素を加えることだ。現在の自分の悩みはアルコール依存や共依存の作用だったと本人が知るとき、飛躍的な前進があるのだから。すぐには認めないにしても、いったんこれを受け入れれば、安心感と、自分は理解され信用されているという感覚がもてる。自責の念も減り、その先を見ようとする意志と入れ替わる。

これに続くセラピーは、ほかのタイプのストレスや機能不全を抱えた家庭と似てくるかもしれないが、適切なところで物質依存と関連づけることが大事だ。

治療の初期段階でACや次世代ACに与えられる情報とは次のようなものだ。

- 物質依存と共依存について——徴候、症状、併発症、進行、治療を受けなかった場合の結果
- AC・次世代ACの問題について——特質、これに起因した生活面での問題、サバイバル技能
- 感情と防御について——感情表現の価値、感情を隠すために使う防御
- 家庭生活について——機能した状態、健全な状態とはどういうことか。境界線、役割、情愛、家族間のルールなど
- その他のアディクションについて——ギャンブル、食物、セックス……
- 地域にある治療機関

教育プログラムのなかで提出された問題の多くはACの好奇心と苦痛をかきたて、すぐにでも治療やセラピーを受けたいという気持ちにさせる。教育そのものには、これらの感情の放出を奨励する意図はなく、実際のセラピーを提供する必要もない。

私がよく質問されるのは、アダルト・チルドレンの苦痛をあおっておいて解決策を与えない教育

の価値についてだ。私はこう返答する。ACも次世代ACも、ほとんどの時間、苦しい思いをしているのです、と。苦痛は表面すれすれのところにある。治療の必要性を自覚するために、彼らはこの苦痛を目にし、感じる必要があるのだ。それはワークショップの運営者から押しつけられるものではない。これはただ開かれた扉であって、その先に行く一つのチャンスでしかないのだ。

アダルト・チルドレンはもろくはない。この人たちには、セミナーで感じるよりもはるかに深い苦痛に耐えてきた年月があるのだし、抑圧という手段をうまく使うこともできる。これまでの苦痛の一部を急に再体験すると、彼らは援助を受けることにするか、抑圧する新たな手段を探すかを選ぶことになる。治療機関が利用できることをはっきりさせてあげれば、彼らも選択できるようになる。

## サポート

サポートはこれとは別レベルにあるケアで、理解ある相手に自分の体験を語る機会を求める人が対象だ。サポートというとき私が指すのは、自助（セルフヘルプ）や十二ステップのプログラムのことではない。これらはサポートとしては特殊なものだ。ここでいうのは講義を中心にした専門的な指導があるグループのことで、これを利用できる地域はたくさんある。このタイプのグループは、治療を受ける準備や適不適を判断する、アセスメント・グループの役目も果たしてくれる。

一例を挙げると、期間を限定したグループ、たとえば十週間で終了し、各週一つの教育課題をもつもの。同一メンバーで同時に開始・終了するクローズド・グループの場合もあり、各週一時間半から二時間継続する。集まるたびに何らかの知識が与えられ、話し合いをする時間もある。対決療法、フィードバック、集中的な感情放出などはこの形態のグループでは行なわれない。

集中セラピーに参加する準備が自分にあるかどうかを知りたいなら、こうしたグループへの参加はなかなか良い方法だろう。けれども、これを治療と取り違えてはならない。現在受けているサポートと並行して十二ステップ・ミーティングを利用する案も良いだろう（これは十週間で終了するものではなく、週何度でも参加できる）。

この時点で、またはセラピーのごく初期において、共依存である人の薬物・アルコール摂取のアセスメントは欠かせない。アルコール依存になるおそれからノイローゼになってこのアセスメントを求めるアダルト・チルドレンもいるし、この種の話し合いをしたがらない人もいる。共依存の人は、配偶者や子ども全員、できるだけ早い機会にこのアセスメントを受ける必要がある。誰かが現在アディクションにはまっていたら改善は見込まれないし、共依存治療の効果も上がらない。

依存物質を六カ月間断つという決まりがあるにもかかわらず、自分のアディクションを否認して治療に入り、途中で発見されるアダルト・チルドレンも少なくない。

アダルト・チルドレンのブルースは、回復中のアルコール依存の女性と結婚している。自分の飲酒量を妻との比較で評価していた彼は、「大酒飲み」とはアルコール漬けだった頃の妻のことだと考えていた。それにひきかえ自分は毎日仕事に行っていたし、女遊びをしたこともない。毎晩五、六杯の酒を飲み、たまの週末に深酒していた彼だったが、そこから生活の多方面に悪影響が出ていて、出血性潰瘍という病歴もあった。ブルースはAC治療を受ける間に自分の問題と対決することになり、ほどなく入院治療プログラムを紹介された。共依存治療は六カ間先に延期されたが、その時が来ると彼は自分のAC問題に取り組むために戻ってきた。

AC治療に入ると、物質依存から回復中の人は薬物・アルコール摂取についての質問を受ける。いまだに薬物を使用しているアルコール依存の人もいれば、いまだに飲酒の続く薬物依存の人もいる。売薬も含め、使用中の薬品を残らず再点検するのが賢明だ。それらが回復を阻む可能性もあるのだから。

ACまたは次世代ACであるあなたは、もしかしたら物質依存の経験が過去にあってすでにそれを断っているかもしれない。だからといって評価の必要は消えない。一度評価を受けておけば、物質依存と共依存を組み合わせた治療プランが工夫できる。共依存への取り組みを六カ月先に延ばす必要が出てくることもある。

## セラピー

「セラピー」という語はたいていの場合、専門家によるカウンセリングを指す。個人または複数の人によって行なわれ、回復のプロセスをうながすものだ。入院、外来、個人、グループ、カップル、家族対象のセラピーがここに含まれる。それぞれの形態によって治療過程で果たす役割があるから、本人と家族双方のトータルな治療プランとしては、それらが同時に働くのが理想的だ。

## 入院治療

共依存の入院治療は、ACや次世代ACにとって比較的新しい選択肢だ。利点も限界もはっきりしているから、選択にあたっては十分な考慮を要する。通院と入院の両方の組み合わせが一番効果的だと私は信じている。

米国内では、あちこちで短期(週末限定〜八日間)、長期(二十一〜二十八日)のプログラムを探し当てられるだろう。長期プログラムを探す人たちは概して、ほかの併発症——たとえば、摂食障害、セックス依存、重複診断、自殺念慮、重度のうつ病、不安感——に悩んでいる。

ジュディは二十九歳。アルコール依存からの回復途上にあり、数年間の断酒生活の後、児童期にアルコール依存の父から受けた精神的ダメージから自分がいまだに回復していないことに気づいた。子どものときは近親姦の被害者だったが、成人後のレイプの被害もあった。

AA参加を続け、セラピストとの個人面接も受けていたジュディだが、その努力にもかかわらず自殺念慮と不安発作に悩まされていた。彼女は、内科と精神科両方の評価を含む二十八日間の入院治療プログラムを紹介された。

治療の間、過去の苦痛に直面したジュディには精神病の症状が見られ、うつ病と診断されて、一定期間抗うつ剤投与の必要ありという評価をされた。外来での厳しい追跡治療と医療監察というプロセスは非常に時間のかかるものだったけれど、ジュディは自分に自信をもてるようになり、将来にも希望が感じられてきた。

ジュディの境遇はアダルト・チルドレンとして典型的なものではない。アルコール依存の親をもつことに加えて彼女が経験したトラウマは、さらに広範囲の治療が必要なことを示している。「多いに越したことはない」という古い言い回しは、治療には当てはまらない。治療を受ける日数に魔法の力はない。初期治療にどれだけ日数をかけてもその先にはまだ大きな仕事が控えている。長期入院治療のほうが保険は利きやすいけれど、それだけで治療に一カ月もかける理由にはならない。

併発症のある人にとっての長期治療の利点は、内科と精神科の評価・監察が含まれることだ。ACや次世代ACのなかには、完全な回復をみる前に抑うつ剤などの投与が必要だとわかる人もいる。薬剤治療を受け入れる判断をする前に、精神科医と信頼できるセラピスト双方の意見をもらうのが賢明だ（**注意　その他の向精神薬、つまりトランキライザーなどの使用は、アディクションから回復中の人には非常に危険性が高いし、アディクションのない人には絆創膏《ばんそうこう》程度にすぎない**）。

ほとんどの短期治療プログラムでは、こうした形の評価を求める人には長期間治療を紹介する。長期プログラムのなかには同一グループでアディクションと共依存の治療にあたるものもあるから、まだ検討されていないアディクションがあればそこに焦点を絞ることができる。

短期入院治療プログラムは日常生活の妨げにはならないが、回復という旅に出るチャンスの提供には限界がある。すでにそのプロセスをかなり進んできた共依存の人なら、これを始まりではなく新たな指針を得る手段として活用するだろう。短期間の共依存治療は、大きな併発症のない大多数のACや次世代ACには手頃なものだ。

ジェフは「平均的な」アダルト・チルドレンに分類される。三十四歳で結婚歴はなく、これまで重ねてきた人間関係は表面的なものだった。高校で歴史の教師をしていたが、自分の職業には嫌気がさしていたし自信もなかった。アルコール依存だった母親とジェフとの関係は緊張していた。頑固な母親から押し切られてこのAC入院プログラムに参加することになってからは、特にそうだった。過去の重度の薬物乱用とアルコール依存以外、ジェフには複雑な要素はなかった。ジェフのようなACや次世代ACの治療は、短期入院プログラムとその後ほぼ一年間の通院カウンセリングでうまく治療できる。

私の経験上、期間の長短とは関係なく、外来治療では難しいが(不可能ではないけれど)、入院治療プログラムであれば提供可能なことがいくつかある。

**集中**——気を散らせたり妨げになるような外の出来事、つまり電話やテレビ、家庭や仕事上の責任などがなくなるので、より集中できるし防御も弱まる。こうした精神状態は変化につながりやすい。平均的な共依存の人は義務や仕事をどっさり抱えて、じっと苦痛を感じないようにしている。これらの活動からいったん抜ければ、感情が表面に出てくる。

**プライバシー**――治療施設やリトリート・センターなど世間から切り離された静かな環境が、必要なリスクを負う機会を人びとに提供する。人目を気にしたら、そうしたリスクを負うことはできない。涙やくずれたアイメイクを世間にさらさなくてすむとわかれば、ありのままに感じることも許される。自分のことだけを考え、感情をそのまま表現することが許されると、とても大きな癒やしの経験になる。

**安全**――同様に、身体的な安全、つまり自分は自分を傷つけないし、スタッフやほかの患者からも傷つけられないと知ることも必要だ。心理面での安全性も、入院プログラム参加にあたってACや次世代ACから期待されるものだ。適切なスクリーニング、明確な行動指針、責任をもってクライエントを守ろうとする訓練されたスタッフ。安心感はこれらすべての要素から伝わってくる。ごく稀にではあるが、特に怒りの感情から自制心をなくす人が出る場合もある。経験を積んだセラピストは怒りの放出の仕方を心得ていて、ほかのメンバーを保護し精神的・身体的な被害を防いでくれる。

**精神的な解放**――右の条件がそろった入院という環境では、感情をありのままに出すことが可能になる。しばしば深い悲嘆の後にやってくる怒りの放出は、「自分を失い」機能できなくなるという恐怖心なく達成される。クライエントはすぐに機能する必要がなく、治療グループとともに癒やしの時を経てから実社会に戻ればいいのだ。

**コミュニティ**――治療グループまたは「コミュニティ」が、家族や同僚、友人、社会の代理を務める。十人もしくはそれ以上のグループで生活しセラピーを受けることで、クライエントは自分を他人の目で見ることができる。ほかのことを考えなくていい保護された環境にいながら、実社会にいるのと同じわずらわしい動き方をしている自分に気づくだろう。けれども、返ってくるフィードバックは前向きで指示的だ。うまくいけば、実際に衝突も起きてそこから学習できるかもしれない。また肯定や解決も生まれてきて、治療の場を離れてもこれができるという希望のあることをアダルト・チルドレンは知らされる。

**体験的技法**――これは、家庭内であった過去・現在の場面を再演するロールプレイなどの技法を指し、実際の家族ではなく代役を使って行なわれる。サイコドラマ、ゲシュタルトセラピー、人間彫刻などの体験的技法（伝統的な面接によるトークセラピーとは対照的な技法）を利用するには、入院治療の場が有利だ。これらの技法は、アダルト・チルドレンの言葉に対する不信感を回避し、感情そのものに働きかけようとする。これに刺激されて感情が放出されると、より少ない時間でより多くの作用ができるようになる。ある人が大きな喪失の場面でどんな気持ちになったかという話をすることで、グループメンバーもそれを実際に感じ取り、悲嘆を放出する。こうした技法でも話し合いや感情の処理は必要だけれど、重点は思考のプロセスよりも感情経験に置かれる。この後、通院カウンセリングで治療法の選択や変更などについて話し合う必要がある。

## 入院治療の限界

入院治療にも限界がいくつかあることにふれておかなくてはならない。短い時間接しただけで一人の人に関する必要な情報を知り尽くすことはできない。事前面接をいかに徹底的にやろうと、あるいはセラピスト同士でどれだけ情報交換がされようと、重要事項の見逃しがないとはいえない。セラピストは、あなたが話したこと、あなたが見せたことしか知り得ないのだから。彼らが直感に優れ、この病に関する知識をしっかりもっていたなら短い時間に多くの推定が可能だろうが、それでも限界はある。

集中性が高く感情放出の可能な入院環境で治療を体験した人は、それなりの準備をしないと従来のセラピーグループに戻りにくくなるかもしれない。

体験的技法の訓練を受けたセラピストに出会えなかったジョーは、入院治療から一年たってこんな感想をもらした。

「僕は、通院で参加していたACグループを本当に信頼していたのですが、集中してやれないことで不満を感じるときがありました。自分に必要なのはこれじゃなさそうだ、僕が探しているのは〈即効薬〉なんだという事実を受け入れるまで二、三カ月かかりました」

アフターケアは、ただ必須というだけではすまない。どの入院プログラムでも常に成功の鍵となるから、終始強調される必要があるのだ。適切な追跡治療がされないと、その人は見捨てられた気分のまま取り残され、実社会で機能できなくなる。追跡治療の調査によれば、幸いにも、ACの入院治療の後、専門家の援助を受けて回復が達成できなかった人はごく少数、一〇%にすぎない。けれどもその一〇%の人の大部分は、専門家のカウンセリングは受けていないが、十二ステップ・ミーティングには積極的に参加しているという報告がある。

費用という別の制約もある。短期入院治療プログラムは、まだあまり保険の補償対象とはなっていない。出費や不自由さにとらわれず、充実した援助を探そうと決めたアダルト・チルドレンであれば、治療を思いとどまる要素にはならないようだが。共依存は正規の診断のつく病気であるという認識は進みつつあり、状況は徐々に改善されている。

### 通院治療

共依存の通院治療では、一般的に個人やグループでのカウンセリングが提供され、そこにはしばしばカップルセラピー、家族セラピーも含まれる。公的機関は長い間アディクション治療だけに焦点を合わせてきて、最近やっとアダルト・チルドレンを対象としたサービスを始めたばかりだ。開業医やセラピストも良い治療手段となる。質の良いセラピストやプログラムはたいてい十二ステップ・グループ内で評判になるから、ミーティング終了後にたずねれば、どんな内容かがわかる。いつも同じ名前が出てくるようなら、おそらく満足できるものだろう。

セラピストを見つける方法がわからなかったら、あるサービスにお金を出す消費者の目で見るといい。あなたには質問する権利があるが、そつなく振る舞って、セラピストを守りの態勢に入らせないほうが良い。これは私の偏見だけれど、女性は女性セラピストから、男性は男性セラピストから得るものが多いように思う。いつもそうとは限らないけれど心に留めておいたほうがいいし、長い目で見ると差が出ることもある。

資格は、あなたの抱えている問題を扱う訓練や経験ほど大切ではない。指示的療法を行なうセラピストは、あなたに課題と誠実なフィードバック、ときにはほかの選択肢も与えてくれる人なので、受け身で「のんびりした」タイプよりも望ましい。ACや次世代ACは、選択や決断の局面を迎えたときにあまりアイデアが出てこないのだから。それが自力でできるようになるまで、可能な限りあらゆる援助が必要だ。聞き役に回ってくれる人なら、あなたを気持ち良くさせてくれるだろう。だからといって自分のことを話しすぎるのも考えものだ。あなたに必要なのは、代金に見合うだけのものを得ることだから。

こういった質問をしてみるといい。「クライエントにどういう対応をしていますか。普通、期間はどれくらいかかりますか。私は何をすればいいのですか。料金はおいくらぐらいですか」。

これらを知る権利があなたにはあるし、今後期待できることがわかれば、より忠実にやっていけるようになるだろう。

通院プログラムはまず教育プログラムから入る。あるいは課題読書やフィルム上映などの形で組み込まれていることもある。プログラムに入っていなければ、自分でやってみたくなるだろう。経験によってわかってきたのは、一定期間の個人セラピーはＡＣ治療の下準備にはなるけれど、たいていの人にはグループワークが向いているということである。

例外は、パラノイア（妄想症）に伴う問題や、自分が言われたことや小耳にはさんだ言葉をいつも誤って解釈してしまう人だ。こういう人は、グループに参加する前に、個人セラピーにもっと長い時間をかける必要があるだろう。深刻な虐待の被害を受けた人は、グループとは別にあるいはグループセラピー終了後、個人セラピーをある期間続けて、フラッシュバックの起きる可能性とそれが来そうな後遺症的感覚から完全に回復する必要がある。

前述した安心感と保護されている感覚があれば、通院セラピーでも感情放出は達成できる。これはプロセスの進行を速める大きな力となりうる。治療過程で何も放出されないと、人生のパターンを変えるのは非常に難しい。気づきは感情に負けやすいから、変化のために何が必要かという知識はあっても、私たちはこれまで抑圧し続けてきた感情に突き動かされ、行動に駆り立てられてしまうのだ。

何年か前、小規模の地域プログラムで共依存の人を対象にした通院セラピーを行なったとき、私はアルコール依存の夫をもつベッツィーに会った。虐待的なアルコール依存の夫の脅しのサイクルにとらわれていた彼女は、家を出たがっていて、たまに実行してみては元のさやに収まるのが常だった。

私が「わかってます」と呼ぶものが、彼女にもあった。「やり通さなくちゃいけないのはわかってます。子どもが傷つくのはわかってます。自分を大切にしなくちゃいけないのはわかってます……でも……」。ベッツィーには四年間のアラノン参加歴があり、ほかの人のスポンサーになったり、地域で新たなグループを作る手伝いをしたりしていた。自分の人生が母親のそれとそっくりであることを彼女は痛感していた。アダルト・チルドレンだった彼女は、気づきだけで自分を変えることはできなかったのである。何が悪いかがわかっても役には立たなかった。ベッツィーが心の痛みを認め表現するまでは――虐待的な父親と受け身だった母親に対する怒り、自分や子どもが傷つけられる恐怖、自分が夢見ていた家庭が得られなかった悲嘆を。グループセラピーによってベッツィーはこのプロセスに入れるようになり、ついに根本から変わることができた。

ACや次世代ACのためのセラピーでは、現在の日常的な対人スキルが教えられなくてはならない。グループセラピーを受けている間であっても、日常生活で出てきた問題をもとに自然に学べる機会があるのは、通院治療ならではの利点だ。たとえば、怒りの表現法、アサーション・トレーニング（自己主張訓練）、子育て、親密さ、セックス、金銭管理、デート、仕事の問題、批判への対処法など。この教育は、一つまたは複数のグループを対象とした本格的なワークショップや、新しい行動の仕方を話し合うグループセッションのごく一部として行なわれることもある。

通院セラピーではクライエントの日々の経験に対して、ほとんどその場でフィードバックが提供できる。行動パターンが観察され、フィードバックと指示によって変化が可能になる。十二ステップ・ミーティングを通じた仲間からのサポートに力点が置かれるので、依存はあまり起きてこない。クライエントが知る必要があるのは、セラピーの時間は限られているということだ。そしてその目標は、これらをやっていく方法を身につけて、専門家に代金を払わなくてよくなることなのだ。これは、グループの外の健全なサポートシステムで実践していけば保証されるだろう。

傷や悲しみや痛手などを抱えたままグループを離れることもときには必要だ。自分のサポートシステムがあれば、次回のグループに感じたいやな気分に対処する手段になる。あなたが毎週グループから離れるたびに気分がすっきりするなら、大きな変化をしていないということだろう!

通院セラピーのわずかな限界として、安全な環境で感情放出できる時間が週ごとの枠内に限られるという難点があるから、理想的な治療プランは入院と通院の組み合わせになるだろう。受ける時期は人によって異なり、セラピストの助力があって決まる。アイデンティティーと対話に必要な能力を養うワークをいったん終えたら、カップルカウンセリングへの参加もまた必要になるかもしれない。カップルでの取り組みは、あなたが、自分はどういう人間か、人生に何を求めるかをはっきり言えなければ効果は上がらない。家族セラピーは、家族システムの立て直しや、現在の家庭のルールとパターンの変更、子育ての技能を伸ばす役に立つ。

## 治療の問題

いずれの治療環境でも、ＡＣや次世代ＡＣが重点的に学習できることがいくつかある。時期やアプローチは人によって多少異なるけれど、共依存の人はたいていどこかの時点で次のような問題に直面するだろう。

### 感情を見極め、表現を学ぶ

これが問題となっているという事実をここで再び述べる必要はない。たとえばベッツィーは「泣き虫」ではあったけれど、涙の裏にある感情は見極められなかった。彼女は決して怒りに気づくことができなかった。グループにいると、どんな気持ちかと聞かれることが多かったし、顔つきや言葉が怒っているみたいだとグループメンバーから言われることもよくあった。やがて彼女は自分のなかのこうしたものを観察できるようになり、ロールプレイを通じて怒りの表現の仕方も身につけた。

変化のプロセスは徐々に訪れるものだが、セラピーは、人の感情に率直な対応をする人たちの前に自分を立たせてそのプロセスを助けてくれる。セラピストとグループメンバーがモデルになって感情表現の技を見せてくれるし、思いきってやってみることも許される。

感情、特に過去にまつわるものが浮かび出てきたとき、それらが洪水のように押し寄せてくる場合もある。これは治療の初期段階での問題だが、こうしたなかで正常な機能が損なわれることもある。孤立、むら気、やりすぎなどという防衛をしても、表面に出てきた深い苦痛は覆いきれない。たいていの人は支障の出ない程度に機能し続けて、この一時的な危機を切り抜けられる。

最終的には一段階上のコントロールが生じ、アダルト・チルドレンは好きな時に好きな場所で感情を表現できることに気づく。より安全で適切なときまで涙を流すのを延期できるようになり、それをもう一度「押し込ま」なくてはならないという恐れもなくなる。喜びを感じ、愛する人たちとの親愛の絆を実感できるようになる。

思考回路が変化することで、感情の変化もやがてできるようになる。ベッツィーが腹を立てたという事実は変えられなかったにしても、グループで過ごす間に自分の思い込みや期待や態度を変えることができて、同じことに何度もわずらわされなくてすむようになった。こうした知的な面での再編成もプロセスの一部なのである。

## 虐待を認識し、苦痛を表現し、理解する

前章で詳しく述べたように、このプロセスは治療体験を通じて紡がれる一本の糸なのだ。セラピーによって始まり、その後も長く続いていく。そこには事件はない。そのプロセスを構成するのは、苦痛の認識と放出、思考と行動の再編成、そして徐々にやってくる解放と許しである。

## 親密性の問題

治療後一年を経過したアダルト・チルドレンの調査から、親密性はあいかわらず最大の関心事であり問題点であることがわかる。確かにそれは現在進行形のプロセスだ。治療のなかでは、親密性とは何か、それをどう成し遂げるかについて再教育がみっちり行なわれる。

多くのＡＣや次世代ＡＣは、性的関係やもつれ合った関係を親密性と混同してきたから、まず友達作りを学ぶ必要がある。

先に登場した「平均的なアダルト・チルドレン」のジェフは、親密な異性との関係で精神的な絆を作る必要があるとは思わなかった。彼は過去に女性との間で友情を育てた経験がなく、自分が求める心の絆はセックスによって得られるものと思っていたのだ。

治療グループではメンバー同士の恋愛を禁じて安全な環境を提供するので、これまで知らなかったことを身につけられる。この取り決めがあることで、その人は誠実な心をもって人と親しくなり、悪い結果になることはない。自分の体験を語って成り行きを見ることで、相手がどれだけ信頼できるかを知るのだ。治療グループの外では、十二ステップ・ミーティング内でまず同性との間の友情が生まれ、そこから徐々に広がって男女を交えた友人の輪ができていく。これは「普通の」人が思春期に経験するプロセスそのものである。

親密性は、回復期の生活のなかで、子どもたち、友人、家族、親密なパートナーとの間で日々生まれてくる。それはしばしば回復途上で、感情レベルの誠実で率直な対話によって始まり、特別な人間関係に見られるほどほどの情愛と感情の投入に発展していく。

こうして学んでいくプロセスなくして、心地良く健全な性的関係は存在しないだろう。いったん親密になる恐怖と取り組み、ある程度克服すれば、性的親密さは自然に生まれてくる。そこでの務めがまったくないわけではないが。多くのACや次世代ACには、性的虐待も含む乗り越えるべきつらい過去があるから、それらが行く手を阻むこともあるだろう。誠実な対話と必要に応じて継続的な援助を求める意志があれば、親密さを阻むものもたいてい乗り越えられる。

## その他のアディクションと強迫症

アディクションを一つももっていないACや次世代ACを見つけるのは難しい。物質依存から回復中の人もまた別のアディクションに苦しんでいる。食物、セックス、仕事、ギャンブル、人間関係、買い物、喫煙、スポーツ、その他多数が含まれる。専門家とAC・次世代ACの疑問として挙がってくるのは、共依存治療が「その他のアディクション」に十分対処できるのかということだ。

その答えはイエスの場合が多いけれど、わずかながらノーの場合もある。アディクションの進行度によっては、そこに焦点を絞った追加治療が必要だろう。

過食症、拒食症などの摂食障害を抱える人は、特にその領域に絞り込む必要があるし、これらの治療には医学的評価も入ってくる。セックス依存の後期段階では、一般的にさらに特別な治療が求められる。以上のケースでは入院治療が望ましいが、そのアディクションについて見識をもつ専門家と具体的な話ができる、良質な個人セラピー、グループセラピーもまた効果があるだろう。

共依存治療のほとんどのケースでは、過去の怒りと悲嘆を解放して感情表現を学び、サポートシステムを活用することで、その他のアディクションにも適切な対処ができるだろう。十二ステップのサポート、たとえばOA（過食症の自助グループ）、GA（ギャンブル依存の自助グループ）などでは、メンバーに指導を受ける機会が与えられ、依存行為を断つサポートをしてくれる。

薬物やアルコールを断った生活を指すとき、節制という言葉が最もよく使われる。またこれは、アディクションに取り組む最初のステップを説明する語としても使われる。ACや次世代ACは、どんな人物、行動、態度、物質、場所を断つことにも没頭できるが、そうすることで結果的に強迫的な循環に陥り、選択の余地がないという気持ちになってしまう。

買い物依存の人を例にとろう。その人は依存行為から抜ける決意をし、大きなショッピングセンターや商店街での買い物はやめるけれど、スーパーでの買い物はしてもいいように思える。その人にとって何が依存行為で何が節制かという定義は、セラピストやセラピーグループ、場合によっては症状に合った十二ステップ・グループ、たとえば借金依存者の自助グループのサポートによって決められる。

感情に対処する選択肢としてアディクション行為が使えなくなるこの期間は、信じがたいほどの成長がある時期だ。なじんできたやり方で抑圧するのをやめ、いったん感情と向き合わざるを得なくなれば、その人は内面的にも外面的にも意義のある変化を遂げ始める。

### 信頼感の問題

ACや次世代ACは、傷つき見捨てられ失望させられた過去の体験のせいで信頼をためらうけれど、意識して信頼しようと決意せずにいられないときが治療のなかでやってくる。これは、より深まりながらたびたび起きてくる。セラピストと施設はその責任において、安全、守秘、保護を保証してくれる。これが整っていさえすれば、信頼するしないの判断はクライエント本人にゆだねられる。

確かに信頼という地点に行き着くまでには時間がかかるだろうが、これは、ある日、周りの人たちからもたらされるものではない。傷や苦しみ、人間的な過ちというリスクがなくなるときはいつまでたってもやってこない。治療の恩恵を得るために、ACや次世代ACにはとにかく信頼が必要である。

### スピリチュアリティー

回復中のアルコール依存の人や共依存の人の大多数が、十分な回復と人生のためには、スピリチュアルな癒やしが欠かせないと証言することだろう。多くの人にとって、これは宗教団体に参加することではない。実際の意味は、自分を超えた力(ハイヤー・パワー)の感覚の発達、つまり個人の願望や欲望を超えた、より次元の高い人生の目的をもつことなのだ。

自己の魂を探究し、試行錯誤を重ね、瞑想や祈りによって徐々に、一人ひとりが自分にとってのハイヤー・パワーを見出し定義していくだろう。この過程で人生の目的に対する価値や信念という、より強い感覚がもたらされ、スピリチュアルな性質というサポートシステムが与えられる。これは、外部からのサポートが得られない日、必要としない日の静かなひとときに、その人の支えとなってくれるものだ。

このとき自己の魂に再び息が吹き込まれる。この魂は、生まれたときにはあったけれど、つらい人生を送るなかで消えかかっていた。魂の旅をした成果として、ただ肉体的に生きるだけでなく感情的かつ知的に生きようとする意志を取り戻すことができるのだ。

この治療プロセスに不可欠な素養を身につけた専門家や、これに抵抗をもたない専門家はあまり見当たらないようだ。スピリチュアリティーは治療を終えた後に訪れる魔法のようなものではない。そこには、勤勉、学習、新たな思考法による体験、猜疑心に満たされたときに祈ろうとする努力、ハイヤー・パワーの定義を自分なりに熟慮する瞑想の時間が含まれる。

極端に否定的な宗教的体験をもつＡＣ・次世代ＡＣも多く、これに対する取り組みが治療でなされないと回復の妨げになってしまう。セラピーの場でハイヤー・パワーという概念にふれて、あるいはモデルとすることで、クライエントはこの精神的充足を得る領域に導かれる。正規の宗教の利用は本人の判断にまかせるべきもので、癒やしのプロセスに必要なものではない。

私の知る最良のセラピストはまさにスピリチュアルな指導に通じていて、そこから自分のやるべき仕事を引き出す人たちだ。彼らのもつスピリチュアリティーは、教え諭すというよりはむしろ身にまとうものだ。人はそれに目を留め、感じ取ることができる。熟練したセラピストなら、治療初期のACや次世代ACには、およそスピリチュアリティーと取り組む用意のないことを承知している。けれどもできることなら、クライエントがこの探求を始めたときには、それが治療体験の柱となってほしいものだ。

## 遊びとバランス

余暇を執筆に費やす筆者のような人間は、遊びというテーマにおける第一人者とは言えないだろう。ACや次世代ACには治療を含め何事にもがんばる人が多いけれど、無理にでも遊ぶことが必要だ。セラピストから、こんなおかしな課題が出されるかもしれない。「来週のグループの日までに、凧揚げかローラースケートをやること」。

自制心をなくすことや間抜けに見えることが怖くてたまらない人間から、ささやかながら遊びについて言いたいことがある。遊びの形はたくさんあるということだ。人には、遊び心のある人が日頃から身近にいるだけで大きな喜びを感じる人もいる。ばかばかしいゲームを愛好する人たちもいる。歌を歌うことやダンスをすること、詩を読むのが好きな人もいる。あなたに何が合うにしろ、肝心なのは人生とは楽しむためにあるということだ。

ＡＣや次世代ＡＣは、将来やってくる良いことに備えて人生を送ることが多い。「まず働け、遊ぶのはその後」という昔からのテープが頭の中で回り出す。治療グループで教えられるのは、お互いに笑い合ったり、めいめいの面白いところを見つけたりすることだ。競わないゲームなら、面目をなくしたり恥をかいたり境界線を侵したりしないから、共依存の人も、冷やかされたり傷ついたりするおそれなく、共に笑い身体を触れ合って遊ぶ楽しさを教えられる。これは治療の大切な一部だ。

極端な思考に走るタイプの人は、遊びと仕事（治療での取り組みを含む）のバランスがなかなかとれないから、極端から極端へと動き回ってから心地良い妥協にたどり着くだろう。ここでもまたセラピーグループがモデルとなって、十二ステップのサポート網とともに、バランスのとれた回復を助けつつ変化を支援してくれる。

## 自尊心

治療は自己イメージの改善に欠かせない。これは年月をかけて達成する大事業だ。受けてきたダメージが大きければ大きいほど、この仕事も難しくなる。大切なのは、これが達成可能だということだ。

治療環境は、自分が世間から実際どう見えるかを共依存の人たちが発見する実験室の役目を果たす。自分にも見るべき良いものがあると信じられれば、なかば成功したようなものだ。ＡＣや次世代ＡＣに必要なのは、自信のつく言葉だけでなく、「あなたはそのままでいい」という、しっかりした肯定を伴う誠実なフィードバックである。

セラピーグループで安心感がもてると、後からのけ者にされるというおそれも消えて、自分の美点を受け入れられるようになる。セラピストからのフィードバックも大事だけれど、仲間の反応に勝る価値はない。仲間たちは、やがてその人が戻っていく世の中を代表しているから。セラピストの愛情を知ることも、最悪のときを見てきたこのグループが自分を無条件で愛してくれると知る安心感には及ばない。

長期的な進歩は、治療中・治療後を通して、共依存の人の生活環境と人間関係の再編成のなかで起きてくる。私たちは、自分の価値を認め肯定してくれる人たちに囲まれていなくてはならない。否定や虐待に取り囲まれていては、自己イメージは良くならないのだから。

## 自助グループの役割

ACと次世代ACには十二ステップ・グループが一番よく効くという断定を、私は意識して避けてきた。国内のあちこちで治療を受けたアダルト・チルドレンを追跡調査したところわかったのは、AA、アラノン、ACグループ、これら全部の組み合わせまたはそのいずれであれ、自分にとって「ベストの」方法を各人が見つけているということだ。選択は、個人ばかりでなく地域社会の肩にもかかっている。アラノンの充実した展開は、まだ米国の各地域で保証されたものではない。ACミーティングはなおさらだ。前向きで健全なグループ運営で何年もうまくいっている地域もあれば、いまだに「問題」に焦点が合っていて、「解決」をみたメンバーがほとんどいない地域もある。

ACグループの存在意義という問題はあるにしても、私の個人的偏見から言わせてもらうなら、アラノン、AAのステップと伝統を土台にしたグループには、新たな生き方への答えと方向性を提供するチャンスがより多いように思う。

ハイヤー・パワーを発見するには、十二ステップ・プログラム参加に勝る手段はない。地域にあるアラノンがACグループ以上に役立つと気づく人もいるだろう。回復中のアルコール依存の人たちの報告によれば、自分にAC問題もあることを認めれば、AAはより効果的に使えるとのことだ。

このことで、次世代ACは独自の問題を提起する。「近親者や友人のアルコール依存問題」を抱える人としてアラノンに入る資格はあるものの、一体感がもてないという苦労があるのだ。人間関係や感情の解放、脱愛着などといった現在の問題を重視し、アルコール依存の親族の具体的な話をしなくてすむミーティングを探し当てることはできる。セラピーも、過去を明るみに出して自分を振り返る必要を満たしてくれる。そこに来るには「健全すぎる」という判定を下さず、あなたの状況を理解してくれるスポンサーを見つけることもできるだろう。

ミーティングで自分の体験を語るとき、次世代ACは自分とは違った人たちの存在に気づくだろう。それはアルコール依存の人との結婚や子どものアディクションを通して問題に気づいた人たちだが、彼らもまた断片をつなぎ合わせようとしている次世代ACなのだ。事実を隠さず語るようになれば、ACのなかで自分一人だけ次世代ACであることも特別なことではなくなり、居心地の悪さも減ってくる。

現在の問題に焦点を当てるとき、ACと次世代ACは決して区別がつかない。似ている点を探すこと。そして、ここにいる資格が自分にあるのを忘れないこと。

私の持論では、おおかたのケースで、ACや次世代ACには自助だけでは不十分だ。劇的な変化の過程は、一心不乱に十二ステップに打ち込めばやり通せるが、このプログラムにもその進行を鈍らせる一定の限界があるため、ともすると必要以上に長い年月苦痛が残ってしまう。AAやアラノン、ACグループは、対決や指示的なフィードバック、感情放出のサポート、アサーション（自己主張）などといった具体的な生活技能を教えるところではない。セラピーの力を借りずにこのプログラムのなかだけで成長を図る人は、こういったものをミーティングで得ようとして、損をしたような不満を感じて終わることが多い。ほかのACにこの種の専門的援助を期待するのは現実的ではないだろう。援助は手に入るのだから、何年も悩んだり苦労したりする必要はない。

## まとめ

AC、次世代AC、その他のタイプの機能不全家庭で育った人たちは皆、同じ環境で効果的な治療ができる。ＡＣと次世代ＡＣにとって重要なのは、親族のアルコール依存との関連づけである。

　こうした人たちのためのサービスは米国内各地で急速に発達し範囲も拡大しているが、ここで欠かせないのは、自分で自分の求めるものを知ること、サービスの質の善し悪しを知ることだ。教育、サポート、共依存の入院治療、通院セラピーの組み合わせをお勧めする。

　治療中に直面する問題は、感情の見極めと表現、親密性、その他のアディクションと強迫症、信頼、スピリチュアリティー、遊びとバランス、自尊心である。長期的な努力は必要だが、進歩を助ける具体的な指導と方向は治療によって示される。

　十二ステップ・グループという形での自助は、治療のプロセスを活気づける要素だ。治療に「打ち込む」保険証書にもなりうる。サポートシステムが継続発展していけば、治療を超えて成長を続けていく手段となる。けれども、自助の目的は治療やセラピーの役目をすることではない。

# 第6章　回復のプロセス

アルコール依存の祖父母、親、配偶者をもつ人、あるいは機能不全家庭で生き延びてきた人の個人としての回復は、まず治療から始まり、生涯にわたる成長と変化のプロセスへと続いていく。ここでの目標は、個人を健全にした後に集団を健全にしていくという完璧な治療法を見つけることではない。それはまさに、私たちがどんな人間になりたいか、そもそもどんな人間に生まれついたのかを知る個人的な旅なのだ。自分の乗っている軌道が正しければ、それははっきりわかる。変化に伴う痛みはあるにしても、いつにない心地良さが感じられるから。

これまでの観察と個人的体験に助けられて、多くの人の成長の道筋に現れる標識や道しるべを一つのリストにまとめることができた。これらが見られる順序は、時間のかかり方とともにとても個人的なものだ。たくさんの人がこの旅に出て、途中で休憩を取ったりほかのところに足を延ばしたりする。一つのルートに必死にしがみつき、障害物をいちいち気にかけてさっさとよける人もある。また、たくさんのコースを試しながら、かつての心地良さと安定を求めて、もっとなじみのある道に定期的に戻っていく人もいる。

この旅の何よりの魅力は、行き先を知る人がいないということだ！　予定地が決めこまれていればいるほど、私たちはそこに到着しにくくなる。鍵となるのは、いろいろな可能性、つまり途中で現れる扉や窓を受け入れようとする私たちの意志なのだ。この旅が病に対してできることは、本当は何もない。これは統合された人間になるという課題であり、人間一人ひとりの前にある務めなのである。

回復のプロセスの説明にあたって、ドリスという名の回復中の次世代ACを例にとりたい。かなり典型的な体験と思われるからだ。

ドリスはアルコール依存の夫との離婚後、自分の共依存に気づき、家族問題のカウンセラーからアラノンを紹介された。アラノンにいる間にわかってきたのは、共依存になったのは、親族の女性のなかで自分が初めてではないということだった。父方と母方、両方の祖母が似たような状況に耐え抜いていたのである。アダルト・チルドレンとは名乗れない自分だけれど、アルコール依存の親をもつ人と大きな差はないとドリスは確信した。

ドリスはAC対象のグループをもつ開業セラピストに治療を求め、一年の間に徐々に変化を遂げ始めた。

## 回復の段階

私は変化のプロセスを三段階に分けているが、それぞれの段階に独自の仕事と課題がある。

### 第一段階――私のどこがおかしいのか

自分は世間の人と違うと常に感じてきた人にとって、この段階は実際のところ一生続いていくだろう。ドリスにはほとんどいつも「自分は人並み以下だ」という意識があった。わが家は「普通」に見えたけれど、何か欠けているという感覚を彼女はよく味わった。両親が見せるそぶりにもかかわらず、愛されていると信じきれない自分に罪悪感を感じた。

アラノンに出席するようになった理由は、最初、配偶者のアルコール依存だけだったが、間もなくドリスは家にいたときの自分の感覚は正しかったと思った。家族の歴史の断片をつなぎ合わせるには少々時間がかかった。運良く、近親者ではなかったが、彼女の家系にアルコール依存のあったことがわかった。自分一人の責任ではなかったとわかって、たちまち大きな安らぎが感じられた。彼女はここで、問題はアルコール依存と共依存であって、配偶者選択の誤りではないことを知ったのである。

本当の間違いが何かを知ることで、この病につきものの罪悪感や恥の感覚から解放され、大きな安堵感が得られる。安堵とともに、変化のプロセスのスタートに向かうエネルギーがわいてくる。
この段階での課題を以下に述べよう。

### (1) 問題の見極め

たいていのアダルト・チルドレンは、教育を受ける過程で決定的瞬間を迎える。アルコール依存の親をもつ人がこうむったダメージに対する新たな認識は、メディアや専門家会議や出版物を通じて、また大部分は口コミで広がってきた。

自分がアダルト・チルドレンであるという気づきは、最も期待していないとき、意識的な努力なしにやってくることが多い。真相の解明を避けるためにできるだけの努力をしている人であっても、突然、この光は灯るのだ。

私は、技能向上を目指す相談会やセミナーの参加者である専門家たちと共にこの現象に立ち会ってきた。専門家である彼らが関わっていたのは「そのほかの人たち」、つまりAAの友人からAC問題を突きつけられた回復中のアルコール依存の人や、治療中の配偶者をもつ人たちである。この人たちが、皆、突然、自分にも問題があることを悟るのだ。

この悟りは、稲妻に打たれるようなもののこともあるし、あるいはあまりにも微妙で心にしみ込むまで数年かかることもある。けれども一度これに打たれたら、知らん顔をして引き返すわけにはいかない。問題の見極めとともに、自分の居場所を見つけたという感覚がやってくる。自分は理解されているという感じ、これまでの人生のありようをわかってくれる、より大きな集団の一員であるという感覚だ。こうした帰属感が感じられるのは、孤立した人生を続けてきたなかで初めてのことかもしれない。

「自分のせいでこうなったのではない——私一人の問題でもなかった！」とわかると安心感が感じられる。知識があればもっと安心感が得られるという希望をもって、さらなる情報収集にとりかかる。

「稲妻」に打たれて、ドリスは自分の気づきを人と分かち合いたくてたまらなくなった。彼女は、アルコール依存という家族の病について記した最新資料で武装して、肉親と前夫に近づいていった。あなたたちもこういう病気だったのだ、治療を受けてアラノンに参加すればいいことがある、という朗報をたずさえて。言うまでもなくこれは歓迎されず、ドリスは拒否と挫折という結果と折り合いをつけようとして、治療中数カ月間「わき道にそれて」しまった。

真の問題が何かにいったん気づいてしまうと、否認や以前の思考法に戻るのはきわめて難しい。家族の問題解決に「はまり込んだ」ときでさえ、ドリスはプログラムやセラピーグループにいる人たちをよく見ることで、たとえ肉親のためにはならなくても、自分が変わることはできる、そして将来に希望はあるという自信がもてたのだった。

次世代ACにとって、問題の見極めはあまり容易ではなかった。アディクション分野の権威は、複数世代という視点をその訓練や教育に取り入れ始めてまだ間がない。たいていの次世代ACは、ドリスのようにたまたま治療に入り、その過程で家族の共依存とアルコール依存を発見する。良いことといえば、回復中の次世代ACの一人ひとりが必ず自分の発見を人に語るから、自分も共依存だと知る次世代ACがますます増えていくだろうということだ。

### (2) 「話さないルール」から抜け出す

問題が何かを知るだけでそれを人と分かち合わないなら、十分とはいえない。多くのACや次世代ACは何が悪いのかを知りつつ、つらい秘密を胸に秘めて育ってきた。人に話しても何も変わらないと思い込んできたからだ。過去は置いてきなさいと言われた彼らが大人になって知ったのは、どのみちそれはついてくるということだけだった。

「私はAC(次世代AC)です」と言う言い方を学ぶのは、自分の内面を人に見せるのを学ぶことほど大切ではない。あなたのことを気遣う人に、悪かったことも良かったことも語るところから、それは始まる。受け入れられやすく手を加えた形ではなく、そのまま話すことで、ほかの人からのフィードバックやサポートや提案ももらいやすくなる。

長年秘密を守り通してきたせいで、共依存の人は自分の考えを検閲し、大丈夫そうなもの、できるだけ人を刺激しないものだけを見せるようになっている。この過程で彼らは、人と感情を共にして親しくなり、打ち解ける機会を除いてしまうのだ。ACや次世代ACには、ものすごくおしゃべりなのに自分の話はめったにしない人もいる。そういう人が口にするのは、他人の話や出来事、事実、意見などの情報に限られる。

「話さないルール」を破るのは、ドリスにとって、幾人かの自分の大切な人に真実を語ることを意味していた。人に告白することで予測されるリスクを彼女は負うようになったが、実際にこれをやってみると、うまくやれただけでなく、自分に自信がついてきたこともわかった。

最初のうち彼女は、率直な話をする相手選びに慎重で、もっぱらセラピストやグループを利用していた。ミーティングでもだんだん日常的な心の乱れを話すようになった。一番苦労したのは、友人と話をして自分という人間を実際に知ってもらうことだった。親しい人たちはこの変化にすぐ気づいてくれた。そしてドリスは知った。それほどうまくやれない自分に、実際、人は好意をもってくれるということを。彼らは、彼女が自分たちと同じことをしたとき、その人間らしさをより好ましく思ったのである。

自由に話をするようになって間もない時期に、むやみに相手を信じきって洗いざらい話すのはいいことではない！　信頼のおける人もおけない人もいるのだから、まずそれほど大事ではないことで探りを入れるのが賢明だろう――たとえばある友人に、自分はカウンセリングに通っていると言ってみる。もっと重い話に移るのは、相手の反応を待ってからにすること。

狭い地域であれば特に、思慮深い判断とは良識以外の何ものでもない。家族のアルコール依存という、おおやけにされたらトラウマになりそうなことから両親や祖父母を守りたくなるのは、病気でも機能不全でもない。あなたが以前よりも落ち着いた状態になれば、こういった微妙な問題を話し合える安全な場もたくさん見つかるだろう。

### (3) 助けを求める

これは、一度やってしまえば終わりになる仕事ではない。自分の「無力さ」を認めることは、AAなどの十二ステップ・プログラムの第一歩だ。変化を始める前にはまず、一人きりではやり通せないという理解が欠かせないから。自分のもつ知性や経験や力を無視する必要はないけれど、人生をある程度素直に眺めてみれば、それだけでは不足があることがわかる。あなたのやり方ではうまくいっていないのだから！

専門家の援助もこの時点での選択肢の一つになるだろうが、ここでの課題はそれだけではない。これまでずっと「一人きりでやる」ことで生き延びてきたドリスには、専門家に頼るほうが友人や家族に頼るよりもやりやすかった。日頃から人の手を借りていいのだと意を強くした彼女は、ミーティングの場所まで車に乗せてもらうとか、コーヒー一杯いれてもらうとか、話をしたくなったときに友達に電話するなどといった簡単なことから始めた。

以前のドリスなら、人に助けを求めるなど考えもしなかったのだが、それは生き方であって、切羽詰まって自分で何かやるよりも良いと考えるようになった。彼女は、友人のなかに、助けるよりも「助けてもらう」のに慣れた人たちがいて、彼らがいくぶん成り行き任せであることに気づいた。成熟したサポートを土台とする友情が生まれた。

二、三カ月間この方面に力を入れたところ、ドリスには親友が三人できた。良いときも悪いときも同じように大事な人たちだった。以前も友人はたくさんいたが、彼女のことを知らなかったから、困っていても助けてあげられなかったのである。

このステップでの気づきは、自分にも欲求があるのを知ることである。それが何かはたぶんまだわからないだろうが、実践していけばはっきりしてくる。セラピーでは、衝動的な判断をする前に援助を求めることを教わる。あなたは、一人で悩む代わりに、問題をグループにもっていって仲間の力を借りるかもしれない。やがては、あなたも欲求をもった人間であるということが配偶者や子どもたちの頭に入るかもしれないが、これには少々時間がかかるだろう。変化はしばしば家庭以外の場所で始まる。そのほうがより安全に実践できるし、リスクも少ないからだ。

これまで依頼心が強くもの欲しげな人たちに囲まれてきた「強迫的な世話焼き」の人は、大掃除をする必要があるだろう。日々の仕事の分担を決め直し、もっと頻繁に「ノー」と言うことを学べば、自分に必要な時間が手に入る。「私は知らない」「それはできない」などと言うことで、自分は何でもしてあげられるわけではないというメッセージを伝えられる。

### 第二段階――私は何者か

自己発見は誰にとっても時間のかかるプロセスだが、健全な家庭で育った人はＡＣや次世代ＡＣに比べると、有利なスタートを切っている。これまではニセの自分（または作りものの自分）を育てきたのだから、純粋な魂の探求と数々の実地経験を土台にして、自分の欲求、好み、感覚、選択からなる新しいアイデンティティーを作り上げる必要がある。

この段階での課題は以下のとおりである。

### (1) 自分を大事にすることを生活に組み入れる

自分の好み、希望、欲求がたとえはっきりしなくても、自分にとって良さそうな新しいことに挑戦し、経験する課題は楽しいものになるだろう。

数カ月間セラピーを受けた後、ドリスはセラピーグループとアラノンの人たちの手本と励ましに従って、自分自身の欲求により細かく注意を払うようになった。それはまず身体面に一番よく表れた——食事をきちんとするようになり、すてきな服を身につけ、少しお化粧もしてみた。彼女はまた、それまでのペースではストレスが多いのに気づき、ゆっくりやるようにした。時には「バラの花の匂いをかぐ」ゆとりを考えて。彼女は、急がないときであれば通勤時の車の運転を心から楽しめること、また職場に着いたときの心構えも悪くないことに気づいた。ドリスは自分に対する思いやりのシンボルとして、シートベルトを着用することにした。

それまで、子どもたちに歯科や内科受診の必要がないかと細心の注意を怠らない彼女だったけれど、自分自身は何年も健康診断を受けていなかった——自分にお金をかけたくなかったのだ。こうしたこともまた変わってきた。

情緒的欲求のほうに向き直るのはそれほどたやすくなかったけれど、一人きりになること、思う存分泣くこと、話し相手になる友人、ちょっとした娯楽や笑いといったことが必要なときには、友人たちやプログラム仲間のフィードバックをもらって、これにも気づきやすくなった。忙しさにかまけて内なる自己の欲求を無視するのではなく、内面のかすかな声に耳を傾ける習慣をつけることが鍵だった。

セラピーが非常につらい問題や感情を過去から持ち出してくるので、楽しいことで収支を合わせるのが大切だった。ドリスは、毎日の何気ない活動のなかで子どもたちと楽しく過ごすことを覚えた。夫の飲酒が活発だったあいだ放り出していた楽しい趣味を再開し、日に一度は友達とのおしゃべりも忘れないようにした。

悪い意味でのわがままと、自分を大事にすることには格段の差がある。自分を大事にする営みから家族や友人に伝わるメッセージは、自分はごまかしをする必要も人の望みどおりにする必要もない、責任感のある健全な人間であるというものだ。敬意をもって扱われる価値が自分にあると教えてあげるのが一番だ。これこそ、自分で自分をどう扱うかということなのだ。これは人の面倒をみなくなるという意味ではなく、自分優先にするときもあるということにすぎない。

どこの親も、自分の欲求よりも子どもの欲求を優先させるときがよくあるのを知っている。これは結婚生活や大事な交友関係でも出てくることだ。回復途上で生まれる重要な変化は、大切な人のために自分の欲求を棚上げできるようになることだ。もう罪悪感や義務感から行動したりはしない。自分の欲求がおよそ満たされていれば、実際、人に譲ってもいやな思いをしなくてすむ。いったん自分の欲求がわかってきたら、それを攻撃的にならずに伝える学習が大切だ。自分自身の限界を決めることもまた、自分を大事にする手段だ。あなたが「いやになった」のを人がわかってくれるのを待つのではなく、疲労や不満という内部のシグナルに気づいて自分を表現することだ。

自分を大事にするようになったあなたに友人や家族が慣れるまでには、少々時間がかかるかもしれない。あなたの態度に対する彼らの混乱やいらだちに気づいたら、自分が変わりつつあるという確かな印だ。共依存の人は変化にあたって極端へと突き進む傾向があり、突然ひどく自己中心的になったかと思うと、まるきり自分のことを考えなかったりする。バランスは実践とともに訪れる。

### (2) 苦痛が出てきたら、それを味わって人に話す

人のありようは、感覚によって作られる部分が大きい。自分の感覚を否認するなら、ただ行ないを変えてもうまくはいかない。感覚と向き合っていくと、二つのことが同時に起きてくる——過去の苦痛は、それと向き合う準備ができればあふれてくるし、日常の出来事に正常に反応するなかで現在の感覚もはっきり見えてくる。二つとも回復途上のACや次世代ACには比較的新しい経験だろう。

ある人がつらい過去を生き延びてきたとき、セラピーでそれが突然記憶に上って一つ残らず処理

されるわけではない。記憶の回復はゆっくりで何カ月、何年とかかり、洪水のように感じるときはあっても、全部一度にということはない。

「神は私たちの手に余るものをお与えにならない」と言われてきた。この言葉から、この苦痛も有益なもの、つまり過去から抜け出す道だという見方ができる。つらかったことを思い出し、怒りや恐怖や悲嘆をそのまま認めていけば回復のプロセスも速まるし、変化への新たな扉も開かれるようだ。

ドリスはアルコール依存の男性と十五年の夫婦生活を送った。二人の関係は結婚後まもない頃から虐待的でケンカも多く、言葉の暴力も身体的暴力もあった。ドリスは親元で情愛も親密さも欠ける育てられ方をしていた。セラピーでドリスにとって繰り返し出てくるテーマは情緒的ネグレクトだった。セラピーグループのメンバーが過去を語るとき、あるいはアラノンに新しいメンバーが入ってきたとき、ドリスは苦痛を追体験している自分に気づいた。

アラノンには回復途上の夫をもつ友人がいたが、その女性が出産したとき、ドリスは息子を産んだときのことをありありと思い出した。彼女にとって、それはとてもつらく寂しい時だった。酒に溺れた夫は留守がちで、この大切な出来事を分かち合えなかったのだから。これが記憶に上って、彼女は人目をはばからず泣けるようになり、二、三日の間、何人かの友人とその悲嘆を分かち合った。悲嘆があっても機能マヒにはならなかった。やるべきことはやったし、新生児を連れて帰宅した友人の手伝いまでした。親しい人たちからは癒やしに入ったのだと言われたし、ドリス自身もそういう感じがした。治療期間を通して、また数年たってからも同じようなことを数多く経験して、ドリスはもう悲しみに打ちひしがれることはなかった。

記憶が回復するとき、過去が再現されるたびに強烈さは減っていく。何かがあった日あるいは記念日など特別な日付のせいで回想が訪れることも多い。想起された状況の深刻度によって、何年も前のその日にいるかのように感じることもある。苦痛はそれほど長引きはしないけれど、この癒しの初期にはかなりのサポートが必要になる。こうした感情の再体験が必要な理由は、その出来事があったときに苦痛の表現が許されていなかったから、またある意味で現在までその感情が蓄積されているからだ。

苦痛が表面に出てくると、それに対処しようとして慣れ親しんだ嗜癖的・強迫的行動に誘い込まれるかもしれない。感情のふたに使っているものを断てば、うろうろしないで苦痛から抜けられるだろう。食物やセックスや人間関係、仕事やニコチンなどで抑圧し続けている限り苦痛は消えない。

強烈さが減っていくにつれ、より適した場を選んで苦痛の表現を待てるようになるだろう。仕事中に泣くのは気分のいいものではないし、ばつの悪いことでもある。こうした延期は抑圧ではない。あなたの自尊心や、同僚・子どもなどとの関係が傷つかないようにする健全なものだ。より感情表現がしやすい場所もある。治療のなかで一度大きな放出がされてしまえば、それからは、感情を吐き出す時や所をはるかにうまくコントロールできるように思えるだろう。

## （3）恐怖心と罪悪感を味わって、とにかくやる

これまで生活にとけ込んでいた行動を変えようとするとき、恐怖心や罪悪感が表に出てくるのは自然なことだ。これは変化を大きく妨げる障害物にはならないから、そのまま素直に表現し、とにかく前進していけばうまくいく。

共依存の人たちは治療にたどり着くまでに、自分に「できない」行為をどんどん増やしてきた。一人で車を運転する、高いところに行く、人が集まったところで話す、自分の話をする、心から泣く、上司に対して自己主張する、ホウレン草を食べるなどがここに含まれる。つらい環境で成長してくる間に必要とされたのは、なけなしの安心感と自尊心を失う危険などないよう気を配り、ひたすら自分を保護することだったのだ。

新たなアイデンティティーができてきたときには、このリストにある項目を消し、一つひとつを課題にして、あわてず一歩一歩踏み出すことが必要だろう。何年もかかることもあるけれど、私は個人的に、二、三の恐怖——たとえばジェットコースターなどはなくさずにいることにした。大切なのは、「私にはできない」行為の数を減らし、もっと豊かにもっと自由に、もっと人生をまっとうすることだ。

これらたくさんの新しいことは周りに悪い作用をすることはない。良い影響を与えるだけだ。あなたは、一緒にいてはるかにおもしろく楽しい人になる。けれども、変化によっては最も身近な人

の反発を呼ぶので、受け流すには大変な努力が求められる。

ドリスは共依存の母親のせいで、自分よりもほかの人の欲求や希望を優先させるのに慣らされていた。自分のためになることをやると、決まって罪悪感という黒雲に覆われるような気がした。特に人に迷惑をかけたり刺激したりしたときは。こう言う母親の声が聞こえてくることさえあった。「おまえはわがままよ！ なんていう親なの？」。十歳と十二歳の息子たちは、彼女の「罪悪感のボタン」を知っていて、ことあるごとにそれを押すのだった。

ドリスが限界を決めてそれを守り抜き、同時に自分を大切にする時間を増やし始めると、息子たちはぶうぶう言い出した。お父さん（いまだに飲酒を続けていた）と一緒に住みたい、と言ってみたり、お母さんは意地悪になって自分のことしか考えなくなった、もう好きじゃない、と言い出すようになったのだ。

これについてもドリスは、多少なりとも覚悟ができていた。先頭を切ってやっている人たちがアラノンにいたから。彼女が罪悪感と見捨てられる恐怖をミーティングで語ると、仲間たちはそのうちなくなるよと保証してくれた。これはただ変化に対する子どもたちの自然な抵抗だったのである。グループの度重なるサポートとエンパワーメントに支えられ、彼女は子どもとより健全に接するように心がけたので、息子たちも、自分たちの慣れていたちぐはぐな態度よりも今のやり方のほうがいいと思うようになった。

恐怖心も罪悪感も、行動する前に立ち止まり考え直すきっかけとして利用するなら、健全な感覚となりうる。それらは私たちに教えてくれる。注意深くなること、これがどれくらい大切かを確認すること、ほかの人への影響を考えること、そしてもっとスピードを落として快適にやることを。これらに注意を向けるのは悪いことではない。

共依存の人のなかには、こうした感覚を「ストップ！　やってはいけない」という合図と読み取って、一歩たりとも動かなくなる人がいる。恐怖心と罪悪感を、赤信号ではなく黄信号と見れば前進が続けられるだろう。

自分が変わっていくあいだ、こうした気分をどうしたらいいのだろう？　その気持ちを人に話し、自信がないと打ち明け、新しいことをやるあいだ味方してほしいと頼むことだ。セラピーグループを利用して、大事な人や雇い主や子どもとの新しい対話法を練習すること。練習を積めば、新しいことも怖くなくなるし、行動していけばやがて罪悪感から解放されるだろう。自分の行ないは正しいという確信だけで罪悪感がたちまち消えると期待してはいけない。この反応はかなり自動的なものになっているから、すっかり消えるまでには時間がかかるだろう。

### 第三段階――私はどんな人間になりたいか

この段階では大幅な変化が可能だけれど、たとえ正規のセラピーを利用していなくても、きっとそれはもう始まっている。共依存、ＡＣ、次世代ＡＣといったレッテルは重要でなくなる。生きることと愛することという、より大きな段階にすでにさしかかっているのだ。

この段階での課題を以下に述べる。

## (1) 回復をゴールとしてではなく冒険としてとらえる

ここまでの段階では「取り組むべきこと」として、うんざりするような長いリストを作ってきたかもしれない。そこに並んだ性格的欠点をほとんど取り除いてしまえば、自分は何も問題のない健全な人間になれるという思い込みもあっただろう。この段階に来て気づかされるのは、そのリストには肯定的な面も否定的な面もあるけれど、減ることはないということだ。変化と成長のプロセスとはとどまるところのないものなのだ。

新たな性格上の欠点が見つかっても、それは、自分自身についてさらに学び、やっかいな習慣をなくし、フィードバックをもらい、アイデンティティーを強化する一つのチャンスととらえられる。自尊心が高まったあなたは、もう一つの欠点も許されないと考えたりはしない。目標は欠点をなくすことではなく、それに気づいて選択することだ。あなたが変わろうとするのは、もはや自分や人を受け入れがたいからではなく、成長を心から楽しめるからなのだ。

いったん治療を完了したドリスは、ミーティングを大切なサポートとして引き続き利用した。仕事や教会を通じての友人もいたけれど、これまでの道のりを思い出す必要をよく感じたし、社交という意味でもミーティングを心から楽しんだ。彼女はがっちりした「上等の家族」をもう育て上げていた。原家族とはやや緊張した表面的な関係が続いていたけれど、ドリスにとって大きな苦痛の種ではなかった。

　今ではすべてを実行に移すよう迫られていたけれど、自分は完璧にならないにせよかなり特別な人間であるということに、彼女は満たされていた。さらに彼女が気づいたのは、自分は残りの「普通の」人たちとさほど違わない、そして自分の周りにはとても特別な人が大勢いるという事実だった。問題が起きたとき——ティーンエージャーの息子たちを育てる、デートを始める、難しい職業的判断など——ドリスはそれを、停滞ではなく人生そのものとしてとらえた。一つひとつを成長の機会と見て、自分の愛する人たちとの関係と、自らの進歩にエネルギーを傾けたのだ。

　自分自身を知ることが、ドリスを人との関係で強い立場に立たせた。操ってやろう、いじめてやろうとする人にもう振り回されはしなかった。ありのままの自分を見せられたし、自分の行動と感情に責任をもとうと心がけもした。彼女はすでに回復の段階を越えて生の段階に移っていた。

### (2) 自分を許す

たくさんのACや次世代ACが、立ち止まって自分を許す前に人を許そうと努めてきた。逸脱行為をした人のもっともらしい説明を認め受け入れるほうが、自分を許すよりもたやすいというのはままあることだ。許しとは態度と感情のゆるやかな変化であって、決定的瞬間やひらめきの訪れによるものではない。それはまさしく魂のプロセスであり、自分自身に集中することなのだ。自分のした選択を一歩ひいて眺め、自分はあのとき手元にあった道具を使ってベストを尽くしたと実感することも、そこには含まれる。

ドリスは、子どもたちをアルコール依存の父の元で育てたことで大きな心痛を抱えていた。夫選びを後悔するとともに、その生活をあまりにも長く続けてわが子をさらに傷つけたことがまことに残念に思えるのだった。結婚に対する心の準備と生育家庭で与えられた子育てモデルを素直な目で眺めたとき、彼女にはっきり見えたのは、あの家のパターンにならう以外選択肢はなかったということだ。これまで自らに課してきたあらゆる作業がなかったら、彼女は自分を許せなかっただろう。けれども、頭で理解することと心の底から信じることとは別々のことだったのだ。

この魂の探求とともにやってくるのは、安らぎの感覚、過去に対する慰め、なるべくしてこうなったという確信だ。自分が向上できたのはここまでの経験があってこそだと信じるに至るのだ。多くの人にとってそれは、生か死かという現実的選択に直面することだった。生を選ぶとき、そこにあるのは人生をできる限り良いものにしたいという強烈な願望である。この願いも、苦闘なくしては生まれなかっただろう。

今のあなたは、自分にもある程度は責任があったと考えているかもしれない。特に大人になってからの選択については。その選択のことで自分を責め苛む必要はない。以前自分を傷つけた人物や状況を避ける新しい方法を、あなたは学んできたのだ。あなたは自分が肯定される場所で過ごす。好意と尊敬の念をもってくれる人たちのいる、微笑も笑い声も触れ合いも涙も等しく許されるところで。

あなたは内なる子ども、つまり遊び好きな内なる魂の声を聞くことができる。これは子どもっぽい精神状態への退行を求めるものではなく、「思いきってやろう！」という声に耳を澄ます意志にすぎない。

自分に優しくなれないときは、自分を肯定してくれる人たちというサポートシステムを利用することも学んできた。自責という慣れ親しんだ行為に戻るとき、サポートシステムが思い出させてくれるのは、あなたがどれだけ特別か、どれだけ遠くまで来たかということだ。そこは、自分の声だけに頼るのでなく「点検してもらう」場になるだろう。自分に対する許しは一定したものではなく、外からの補強が必要だから、否定や病にさらされたらもちこたえられない。よくよく自分を大切にする必要があるのだ。サポートシステムが、これをやりやすくしてくれる。

かつては生き方そのものだった承認の探求も、今では形を変えている。私たちはいまだに人の考えに気を回す。敬意をもち、価値を認める相手であればなおさらだ。けれど、行動の自己評価も同じくらい気にかける。まず自分自身に「私のしたことはどうだっただろう？　あれでOKか」と問うようになると、そこで転換が起きる。自分で出した答えが正直で公平なものだと信じられるのだ。

不十分な答えが出た場合、私たちは自分を愛してくれる人たちのほうを向いて、再びたずねる。自尊心を引き出すのが、他人からではなく自分の内部からであるところに違いがある。私たちが最も必要とする、それでいいという認可は、いつも私たちの味方であるその小さな声が与えてくれる。いちいち行動や判断を批判・討議していた頭の中の委員会は、ほとんど鳴りをひそめてしまう。

## （3） 人を許す

自分に何かした相手を、その行為の責任から解放してやろうという決意は、ある日ある瞬間になされることではない。それは新たな生き方であり、家族や周囲を違った目で見る積極的で継続的なプロセスなのだ。「人に対する許し」が存在するとき、それは日々の生活での反応一つひとつにはっきり表れる。

接する人すべての生活にこの病が与える影響をあなたが意識し、過去の心の痛みと向き合ってそれを手放してきたなら、人を許し思いやることはもう難しくない。再び傷つけられる恐怖も少なくなる。そうなる、ならないを自分でコントロールできる感じがするのだから。苦痛から自分を守るために怒りや辛辣さを利用する必要もなくなる。手放すことも、自由に愛することもできる。ハイヤー・パワーという概念とのつながりを感じれば感じるほど、このステップはいっそう楽なものになっていく。何といっても、人間の行ないの最終評価は私たちの掌中にはないのだから。

つらい記憶がよみがえってきたときに、スケープゴートを見つけてとがめる必要もない。癒やしの訪れも感じられるけれど、急いで人と分かち合わなくてもいい。ときにはただ泣くことが一番だ。誰の人生にも苦痛は時折あるもので、避けられるものでもなく人のせいにするものでもない。

「人を許して」生きていこうとするとき、私たちはもう犠牲者ではなく、人生から何を手渡されても受け身でいることはない。その結果に責任を取れるのだ。ときには、この段階にいたときよりもいくぶん視野が狭まることもあるだろう。回復途上ではたくさんの人が「ああ、昔は良かった、人を責めることのできたあの頃は」と口にする。けれども、援助を受けながら、自分の人生の何かを変えられるのは、喜ばしいことではないか。

自分の子どもや原家族との関係に健全さを持ち込む仕事は、将来の世界に有意義な貢献となる。「人を許す」なかで感じるのは、健全さをふりまいてこの病の循環を断つ責任なのだ。

世の人を、この病を理解し目覚めた人とそうでない人とに分けるのをやめたとき、世界を見る私たちの目も変わるかもしれない。

最近、私はおおやけの場でこういう質問を受けた。「なぜあの人たちは、アダルト・チルドレンのことを理解して正当に扱わないのですか」(この質問者が指していたのはほかの専門家、つまり医師などのこと)。私はこう返答した。「私たちはなぜ橋渡しをしないのでしょうか。そして相手に対する非難をやめないのでしょうか。彼らに語らないでいたのは自分たちのほうなのに」。もう社会を責める必要はないのだ。自分の家族を責めることが必要でないように。

実体験をもたない人たちに対して、率直で寛大な態度を養いつつ教育していく機会をつかむことも可能だけれど、もっと大切なのは自分たちが世の中から学べるものを探すことだ。私たちはすべての答えをもっているわけではないし、ACや次世代AC、あるいはアルコール依存から回復中であることで、人間以下に成り下がるわけでもない。お互いの共通項を見つけて共に苦闘するのも、健全だからこそなのだ。

## ■まとめ■

回復という経験は、順序も時間のかけ方も人によって違うけれど、ほとんどの場合、長期にわたるプロセスとして以下のような指針が欠かせない。

### 回復の段階

**(1) 第一段階――私のどこがおかしいのか**

これは初めの段階であり、ここでの課題は以下のとおりである。

(1) 問題の見極め

(2)「話さない」ルールから抜け出す

(3) 助けを求める

**(2) 第二段階――私は何者か**

ニセの自分、作りものの自分を捨てて、本当の自分を発見することが必要だ。ここでの課題は以下のとおりである。

（1）自分を大事にすることを生活に組み入れる
（2）苦痛が出てきたら、それを味わって人に話す
（3）恐怖や罪悪感を味わって、とにかくやる

### (3) 第三段階──私はどんな人間になりたいか

回復途上にいる人は、新しい信念や行動、態度を自由に選べると感じたとき、変われるようになる。ここでの課題は以下のとおりである。

（1）回復をゴールとしてではなく冒険の過程としてとらえる
（2）自分を許す
（3）人を許す

このプロセスは、「回復」というよりも「人生！」と呼ぶにふさわしいところまで発展していく。

# 第7章　家族のパターンを変える

過去の力は強烈で、その良くない面を克服しようとする私たちの努力などものともしない。今現在の人間関係への影響を最小限に抑えることはできるけれど、これを成し遂げるには、大変な努力と意志を要する。それは、ほかの人にはかすり傷にしか見えない傷から学んでいくということなのだ。

回復に伴って生まれる責任の一つは、家族システムがもつ共依存のパターンと虐待の循環を破る努力だ。回復途上の人がそれぞれ、周りの人を変えるよう努力しなくてはならないという意味ではない。自分の健全さをモデルとして示し、より健全なやり方で愛する人たちに頼ることによって、家族システムに影響を与えられるという意味だ。意識してほかの人を変えようとする努力はいらない。それよりも私たちが気づかされるのは、病が広がるのと同じく健全さも広がっていくということだ。人びとは健全さに引きつけられ、自分に必要だと認める暇もなく変わり始めるかもしれない。遅すぎることは決してない。子どもがよちよち歩きであろうと、十代または成人になっていようと、私たちは、健全な成人期、意思疎通、親密性、成熟などのモデルとなれる。回復途上での自分の親への頼り方によって、私たちに対する親の振る舞いに影響を与えられるし、子どもにもより健全な対話の仕方を見せられる。前の世代（私たちの親）も次の世代（私たちの子ども）も変化の芽はもっているし、一人の人が態度や行動を切り換えることで大きな違いが生まれるのだ。

生育家庭で受けたダメージについて学ぶと、次世代ACもACもジレンマにぶつかる。子どもに同じことをしたくないとは思うけれど、自分も親と同じく子育てという高度な技の訓練や手腕がないのを確信しているからだ。もしも、表面的に健全な家庭を作り上げるのに多少成功していた両親だったなら、次世代ACはこの分野で有利とは言えない。ここでもあざむかれ、自分は子育ての仕方を知っていると信じてしまいかねない。親密性や偽りのない対話や無条件の愛について、ほとんど知らないのが現実なのに。

家族システムから共依存をきれいになくすという考えは現実的ではない。私たちのところにそれが残ったとしても、それぞれの世代でより健全な行動を少しずつ足していくことはできる。そうしていけば、次の代で良くない結果は減るだろう。仲たがいやお説教や脅しをすることなく、新たに見つけた健全さを大切な人との現在の関係に組み入れるのは簡単な仕事ではない。彼らにはこのままでいるのを選ぶ権利もあるのを忘れないことが大切だ。健全になる必要が誰にあって、どうすべきかを決める力も権威も私たちにはないのだから。私たちにできるのは、ただ自分自身が健全な個人として生きることなのだ。その姿に輝きを感じた人たちが仲間になってくれるよう願いながら。

子どもたちには若さがあるし、その一方、私たちは、彼らをより健全な行動パターンに導く影響力と機会の点で勝っているのだ。

## 子どもと接する

専門家や回復中の皆さんにこの知識を披露すると、質問攻めにあってしまう。とりわけグループにいる親御さんたちからは、どうしたらいいのかとたずねられる。最もよく出た質問に多少の提案を添えておこう。

### (1) 子どもには感情表現ができるようになってほしいのですが、怒りはどのくらい許すべきでしょうか

多くのACや次世代ACは健全な怒りの表現に触れた経験がないため、自分や子どもがありのままに表現して止められなくなるのをこわがっている。また、自分たちは怒りの表現が許されなかったから、子どもはまったく自由に表現すべきだと考える人もいる。どちらの見方も共依存的な極端な思考を反映したものだ。

自分にその経験がなかったとき、常に経験のある人を見つけて観察するのは良いことだ。たいていの人は、子どもに限界が与えられ、それでいて時々は怒りも許されている家を探し当てられる。ほかの人と話をし、その人たちの経験から引き出していけば、何から何まで苦労して学ばなくてすむ。

繰り返すが、大人の示す手本が、おそらく私たちの手中にある一番大切な子育ての道具なのだ。あなたが怒ったときに配偶者や友人や子どもに対してすることを、子どもは真似するだろう。健全な怒りの表現はこれこれだという言葉にはわずかな影響力しかない。

日頃の子どもとのやりとりで食い違いが出るのは当たり前だ。子どもに台所の片づけを言いつければ、いい返事など返ってこない。ムカつきや不満やイライラという形の怒りは、どこの家でもだいたい毎日のように見られる。この種の状況に激怒するのは正常な反応ではなく、専門家の援助が必要な一つの目安となる。ささいな問題に対する激怒反応として、暴力を伴った爆発、言葉での虐待、家にある物を壊すなどがある。

「正常な」怒りに対する反応として、どの程度の食い違いなら許容できるか、親のほうで何らかの線を引いてもいい。たとえば、そのことについてどのくらい話し合うか、子どもはどこまで大きな声を出していいか、仮に悪態をつくことが許されるなら「おまえなんか嫌いだ！」と言ってもいいのか、ドアをバタンと閉めるのはどうか。大切なのは、何が許されるか、また限度を超えたときはどうなるかを親があらかじめ決めておくことだ。

たとえば、「おまえの側に言い分があるなら聞くけど、もしなければ、十分間子ども部屋にひっこんでいること。落ち着いたら戻ってきなさい」。

親のほうも時には自制心がなくなって、「タイム・アウト」（中休み）が必要になるかもしれない。うまくいけば、そうなりそうなときが前もってわかって、自分を抑えられるだろう。

相手に手を出したり、物を壊したり、言葉の暴力で人の自尊心を傷つけたりするのは、間違っても健全な怒りの表現ではない。こうした事態になるとき、また何かにつけて家族あげてそうなるのだったら、そこにはそうなるだけの理由がある。たいていは、ケンカを続けて誰かを悪者にするよりも、時間をとって因果関係を考えるほうが得策だ。

もしも配偶者や交際中の相手にこの種の有害な怒りの表現が見られるなら、この問題が片づくまであなたの子育ては実を結ばないだろう。子どもはあなたを見ている――これを忘れずに！

## (2) 私の気分がよくないとき、子どもにどこまで感情を見せていいでしょうか

進行中のアディクションやこれに類した家庭のストレスが続く間、多くのACや次世代ACは、親が涙を流したり大声を上げたり、極端に怯えたり落ち込んだりする姿を目の当たりにしてきている。子どもたちに影響が出ないかという心配りは、そこにはなかった。この反動で、回復途上にある人は、親の傷ついた姿を子どもに見せてはならないと考えるかもしれない。これは、感情をまったく見せないでひたすら「正しいことをしよう」とがんばる親をもった次世代ACの場合、特によく当てはまるだろう。

子どもたちは、親を「感情をもった本当の人間」として眺め、大きくなったときにどうやってそういう人間になるかを学ぶ必要がある。感情を隠さず見せるのと、それを子どもに背負わせてすっきりしたいと思うのとは同じではない。

悲しそうな大人の姿が子どもの目にふれてもかまわないと私は考える。これはおまえの責任ではない、大人がしているのは自分を大事にすることなのだという安心感を与えられるのであれば。過剰な涙や露骨な言い争いを目の前で見せられると、子どもは（何歳であろうと）捨てられそうな恐怖にとらわれてしまう。子どもが近くにいるときにあなたの心痛を電話で友人に話すのは、たとえ無意識でしたことでも、とても大きな害になる。

親が大変だからといって、子どもが理解や支えを求められてはならない。危機が去ってしまうまでのわずかな間、一緒にこらえてほしい、大目に見てほしいときもあるだろう。ここで子どもに示されるのは「親にも欲求というものがある」という健全なメッセージだ。「大変な時期」が数カ月を超えるようなら、ほかの人（専門家、家族、友人）を子どもの生活に参加させる必要があるかもしれない。あなたが子どもの相手になれる日が来るまで陽気にサポートしてくれる人たちを。

私の子どもたちを見ていると、かなり幼くても、傷ついた親を守ろうとする動きの速さに驚かされる。子どものいるところで問題を持ち出すのを恐れてはいけない——子どもはきっと自分から言い出しはしないだろうが、それはあなたの動揺を恐れるからであって、その反対ではない。

たとえば、「お母さん、今日は寂しい気分なの。パパがいないからね。でも、よくなってきそう。あなたはどう？」。

私たちが傷つけば、子どもも傷つく。子どもに寄りかかることなくありのままの気持ちを語ることで周りの人たちの立ち直りも早まる。

## (3) 私はいい親になりたいのに、配偶者が協力してくれなかったらどうでしょう？一人きりでやることになりそうですが

次世代ACの調査とACとの実地経験が共に教えてくれたのは、一つひとつの小さなかけらが役立つということだ。片方の親でも健全なら、そういう人がいないよりはましだ。健全な人と不健全な人を子どもはどうにか区別できるし、大きくなれば自分で選択できるようになる。けれども、あなたが「良い人」対「悪い人」というゲームにはまらないことがとても大切だ。やる気のないパートナーにもできることはあるし、「これが正しい」というやり方などないのだから。

賢明な親であるあなたの責任は、子どもを深刻な害から守ることだ。ここから、自分の結婚生活を厳しい目で見るよう求められることもある。特に、あなたや子どもが虐待を受けているなら。虐待を止める方法はただ一つ、逃げることだという場合もある。

質問のケースがこれではないと仮定すると、一貫性のない子育ては、困難ではあるけれど手のつけようのない状況ではない。わが家でやりたいしつけ、やりたくないしつけについて何らかの同意を得る努力をするといいかもしれない。たとえば、子どもに言うことをきかせるのに体罰や虐待をしないという最低限の同意は得られるかもしれない。家から放り出すという脅しなどの非現実的なことは言わないという点で一致がみられるかもしれない。自分が受け入れるものを十分はっきりさせること。あなたは配偶者に親業クラスの受講やためになる本を勧めるかもしれないが、もし抵抗

が見られたら、こうした策もたぶん有効ではないだろう。自分のことは自分でやること。そうすれば、あなたの健全さが少しずつ相手にうつっていくかもしれない。

親同士の食い違いを子どもに偽らなければ、一貫性のない子育てから生まれるごまかしはいくらか防げるだろう。

「パパだったらこうしないでしょうけど、これはあなたとお母さんの間のことだから、今回はお母さんの決めたようにしてね」

子どもは許容範囲を決めてほしがるものだし、最終的にはより健全な子育てを好むだろう。そのほうがより安定していて自分も尊重してもらえるし、予測もつけられるのだから。子どもたちはいつも、あなたの思っていることを理解するだろう。

よくない知らせは、子どもの年齢が上がるにつれて切り換えがしにくくなるということだ。機能不全家庭で好ましくない育てられ方をしてきた思春期の子どもは、変化よりもこれまでのやり方のほうを選ぶかもしれない。回復途上の親にとって、これは受け入れがたい。

承認とは、親がさじを投げ、子どもを虐待したり好き放題にさせることではない。限界を決めて強制してもいいけれど、抵抗されることも考えに入れて、細かいことは本人に任せようとすることだ。自分のエネルギーは、本当に欠かせない大事なことのためにとっておくように。この仕事をやり抜くにあたっては、専門家のアドバイスをもらうこと。ほかが全部失敗したとしても、安心していい。子どもは成長していくものだし、十九歳になった頃に、あなたは援助しようとしていただけだと理解を示す場合もあるのだから。

最後に提案を一つ。自分の結婚生活を考えてみること。子育てをめぐる意見の食い違いがもっと大きな問題の「煙幕」になっていないだろうか。この環境が子どもにとって、親密な関係や問題解決や責任分担などの手本となることを考えよう。

### (4) 健全なしつけと虐待の違いは何でしょうか

虐待的な家庭で行なわれる厳格なしつけは、子どもの自尊心を低める。こういうしつけをするのは親の都合であって、自分がダメだと感じている親が、恐怖感や罪悪感や条件つきの愛情によって行動を支配しようとするのだ。そういうしつけは動機が間違っているので、親の思い通りにはできても、子どもは、自己鍛錬や健全な選択を学べない。

効果的な子育ては、食い違いが出るたびに親子関係を危うくするものではない。「もうおまえなんか愛さない。お父さんを失望させたから。おまえは役立たずだ……」

しつけが最もよく効くのは、どんな状況であっても、自然の成り行きで「教訓が得られる」ときだ。朝どうしても起きてこない子どもには、目覚まし時計を預けて自分で起きるようにさせる。もしスクールバスに乗れなかったら、その子は(可能であれば)学校まで歩いていく、あるいはタクシー代を払わなくてはならない、など。親の側が腹を立てる必要はない。

できるだけ子ども自身の行動と選択から学ばせるのが何よりだ。確かに解決策はこんなに単純とは限らないが、どんな状況であれ、虐待によって思い通りの行動をさせる必要はない。

よくこう聞かれる。「うちの子はティーンエージャーですが、言うことをきかなかったらどうしましょう？　何をしてもダメなんです。外出禁止にすると、娘は窓からでも出ていってしまいます」。本章ではこれほどのダメージを扱うつもりはない。ここまで手に負えない状況であれば専門家の介入が必要だ。

巻末に挙げた参考図書は子育てのすばらしい情報源となるもので、自然の成り行きについてより創造的に考えるよう教える一方で、子どもの自尊心向上に重きを置いている。

## (5)　ほめ言葉と肯定はどう違うのですか

次世代ACは、自分が良い言葉をたくさんかけられて育ったのに、自己評価の低い大人となった事実にずいぶん混乱させられる。これはおそらく、良いことをしたときにほめられはしても、存在そのものに対する肯定をしっかりもらっていないからだろう。ACである彼らの親は、子どもが良いことをしたら必ず気づいて言葉をかけ、承認や励ましを伝えようとはしただろうが、こう言うことは怠ったのだ。「おまえのことが好きだよ、おまえが何もやらなくてもね！」。

理想は、ほめるか肯定するかという問題ではなく、両者の健全なバランスをとることなのだ。ほめるというのは、相手の行動への同意を表す前向きの発言をすることだ。ほめ言葉は耳に心地良く響くけれど、またいい気持ちになるために、子どもは親に同意してもらえることを別にやらなくてはならない。

肯定の言葉がもつ響きは、「おまえがここにいてくれてうれしい。そのままのおまえが好きだよ」というものだ。それは必ずしも何かの行動と結びついたものではなく、同意ともほとんど関係ない。ありのままのあなたを受け入れよう、あなたに自信をもってほしいという意味なのだ。親からの承認も大事ではあるが、自分自身による承認の大切さには及ばない。

ほめられることをやり遂げるのが、人より得意な子どももいる。「家族のヒーロー」タイプの子は、しばしば自分の能力が引き出した周囲の関心や賞賛を糧にして成長する。皮肉なことに、同じ家にいるほかの子以上に賞賛や承認をもらっても、彼らの自尊心は少しも高まらない。もっとがんばろう、もっとやろう、ほかの誰よりもうまくやろうなどといった悪循環を生む。その子は、愛情は働いて得るものだというメッセージを受け取るけれど、自分で行ないを評価し自分をほめることは教わらない。

肯定の例を以下に挙げる。

- おまえが男の子／女の子でいてくれてうれしいよ。
- 自分の望みがそれだけはっきりしているのは良いことだ。
- 失敗してもいいんだよ。
- 私のことをどう思ってもかまわないよ。

・おまえの本能を信じていいんだよ。
・わざわざ機嫌をとったりしなくていいんだよ。

回復途上にいる大人は、だいたいがケチをつけられながら育っているから、肯定という作業がイメージをしにくいことに気づく。子どもに与えるのと同じ肯定を、自分にも与える必要がある。初めはこっけいに映るかもしれないが、紙に書いて家のあちこちに貼っておけば、自分という人間がどれだけ特別なのかを思い出す役に立つ。

### (6) 健全な子離れとは何でしょうか

脱愛着は、アラノンのプログラムを通じて強調される考え方で、私たち一人ひとりが自分の感情に責任をもとうとするものだ。ここで教えられるのは、ほかの人、特に現在アルコール依存である人の行動支配や責任負担はできないということ、また、愛情をもって本人に任せることで、実際には人が変化する環境が生まれるということだ。ほかの人の欠点を直せないという怒りや恨みの混じったあきらめをいうのではない。また、親としての責任から逃れることでもない。

むずかしい子どもやティーンエージャー相手であれば、何もなかったことにして降参してしまいたくなるし、こう言いたくもなる。「もうつきあっちゃいられない、何をやってもムダだ!」。

私はある母親のことを思い出す。彼女は私に電話してきて、治療とアラノン参加以来の自分の

「進歩」を語った。「私はミーティングに通っていて、人のコントロールから抜けつつあります。以前みたいにおろおろしなくなりました。十三歳になる娘はドラッグと万引きに明け暮れています。できるだけのことをしてきましたが、娘は聞き入れようとしません。ですから、もう子離れの時なのです。娘がそういう生き方をしたければ、それはあの子の問題ですから」。

子どもの過ちでわが身を滅ぼさないために、気持ちのうえで子離れするのはいいけれど、次に打つ手がわからないからといって、私たちの仕事が終わるわけではない。専門家やサポートシステムを利用して危機を乗りきる必要があるというだけのことだ。感情面では怒りと行動化から離れる一方で、相手に肯定を与えつつ限界を定めて成り行きを見る仕事は続くだろう。

健全な子離れは「すてきな仲間」から始まる。親である私たちは、子どもの自立宣言を当てつけととらないことを学ぶ。新しい仕事をこなす技能が子どもの身につくまで、時には子ども自身の身を守ってやることが必要だ。私たちが親として自信をもち（自分にも子どもにも繰り返しこう言おう。「ママ／パパは大人だ。おまえは私たちの子どもだよ。私は自分のしていることをわかっているんだよ。おまえにはわからなくてもね」）、流れにまかせれば、自分が良い仕事をしているのがわかるだろう。

子どもの発達について書かれた本を読んだり、同じ年代の子をもつ親と話し合ったり、その年齢の子に期待できることをかかりつけの医師やセラピストにたずねたりするのは大変役に立つ。子離れは大人同士の脱愛着と同じではない。何歳になればこうなるという年齢の魔法はなく、それぞれのケースで違ってくるから、私たちの仕事が完了するまで完全に手を放すことはできないのだ。それはまた一つの出来事ではなく、教わったことを若い人が自主的に利用し、自分の選択から出てきた結果に対処していくようにする、ゆっくりしたプロセスでもある。

（7）ドラッグやアルコールはどうしたらいいでしょう。子どもがすごく危険な状態にいるとわかったら？

多くの回復中の大人は、恐怖にかられて3P（Prevention through Preaching and Paranoia）にはまってしまう。つまりお説教とノイローゼで予防しようとするのだ。彼らは、うちの子はアディクションになりつつあると信じて疑わない。子どもたちが物心つかないうちから、「アル中人格」を予測できるのだ。子どもが五歳のときから毎日のようにアルコール依存の話を聞かせ、「お父さんがそれでどうなったか」という講義をする。子どもがドラッグやアルコール体験に首を突っ込むとすぐ、警察のトラ箱や地元の更生施設に引っ張っていき、査定を受けろ、AAのオープン・ミーティングに一カ月通えと言い張る。

ここで親は再び思い出す必要がある。自分たちの見せてきた手本が、子どもが変わるにあたって一番大事な要素だということを。自分の家系にある生理的素因はなくせない。ドラッグやアルコールは危険だから手を出すなと言って、子どもを説き伏せることはおそらくできないだろう。社会の影響力は大きい。

ちなみに、「絶対禁酒」の家庭からもアルコール依存の人は数多く出ている。

ドラッグとアルコールが子どもの「たった一つの抜け道」にならないよう、あらゆる面で良い親となる努力をする責任が私たちにかかっている。家庭で得られなかった自尊心を得ようとしてまず薬物に手を出す若者は少なくない。そして肥えた土壌でアディクションが花開くのだ。

ひとこと「ノーと言う！」のも、アルコール依存の親をもつ多くの人たちにはできないことだろう。私たちの子育てがすべての面で健全な選択を教えていれば、この問題を大きく取り上げる必要はない。虐待やアディクションが起きても、私たちという手本があれば、子どもたちはきっとはるかに早い時期に救いを求めてくるだろう。子どもは助けてもらえることを知っている。それを求めていいことを知っている。それが治せる病気だということも知っている。子どもたちは、親や祖父母がしたように自分を責めたりしないし、恥の感覚や汚名に苦しみもしないだろう。かつてのあなたほどのダメージを、彼らは受けないだろう。

とりわけ回復途上にいる親は異常なまでの恐怖にとらわれ、この子もきっと同じ道をたどるに違いないと考える。あなたがほかの方面で有能な親であり、成長を続ける健全な大人の行動モデルとなっていれば、子どもたちは、たとえ薬物を乱用することがあっても、あなたがかつて通った道を歩みはしないだろう。

### (8) 子どもがいやがっても、共依存の治療を受けさせるべきでしょうか

この質問への回答は、子どもの年齢と大きく関係してくる。数字のうえでの年齢は常に最良の目

印ではないけれど、十二〜十四歳なら、むやみに親の言いつけを聞けと強制することはできない。その年頃の子どもにはもっと判断材料を与える必要があるし、やりたくない気持ちが強ければ、押しつけられてやる見込みはないだろう。

どの子どもも共依存治療を受ける必要はないが、できれば受けてみるべきだと私は考える。たとえ反抗的な子の場合でも、専門家が入った家族治療プランというやり方なら、かなりうまく治療にもっていける。家族の一人ひとりが自分と家族全体の回復に向けた行動を起こすという意味になるからだ。この計画は書面にもされないし、家の人たちの署名も要らない。ここでの親の役割は、過去のダメージ修復に必要なことを皆でやるつもりだというメッセージを伝えることだ。これはまた、家族メンバーのなかに、ほかの人よりも治療の必要な人がいるという意味でもある。

短期通院プログラムで小児と思春期の青少年に接してきた私の経験では、どの子どもにも何かしらの抵抗が見られた。子どもたちが治療に反応しなかったという意味ではない。ティーンエージャー、特にスケープゴートとなっている子は、治療を切望していても素直にそれを認めようとしない。けれども、ある子どもがカウンセリングに行くのを断固拒む場合、私は、強制は避け、時を改めて援助を申し出るようにして家族治療プランを続けていく。

「さもなければ」という警告として治療を利用したケースもある。たとえば家出してきたティーンエージャーは、治療に同意しない限り家に戻さない。極端に反抗的な青少年に援助の手を差し伸べるには、治療という特別な「チャンス」を利用する必要がある。

家庭に回復をもたらす提案に追加して

**●家族で過ごす時間を十分にとる**――十二ステップ・ミーティングが、家族で過ごす充実した時間の妨げにならないこと。子どもたちがプログラムを喜んで受け入れるのは、自分の人生の幅が広がるときだけだ。回復初期をいったん過ぎてしまったら、ミーティングに出る時間、配偶者と過ごす時間、一人でいる時間、家族そろって過ごす時間のバランスをとること。

**●ストレスを予想し、可能なときには受け入れ態勢を整えておく**――経済問題、健康問題、家の掃除、車の修理などいずれであれ、危機から危機へ渡り歩くのではなく、先を見越して先手を打っておくことだ。こうすれば家庭はより安定し、子どもたちの「実社会」の勉強にもなるだろう。手のつけようがなくなったときにはいつでも、日頃の習慣に立ち返ることで救われる。たとえば、夕食の時間、宿題をする時間、家族でテレビを見る時間などを決めること。こうした規律を一週間守るだけでも、調子の狂いかけた態勢は立て直せる。

**●家族で顔を合わせる**――週に一度家族が集まる習慣から、たくさんの家庭が利益を得ている。一家での休暇計画から公平な家事分担まで、話題は何でもいい。大切なのは、自分が話をし、人の話を聞く機会が全員にあることだ。ちなみに子どもたちはこんな集まりなんか嫌いだと言うだろう。信じてはいけない！ もしなくなったら、彼らは寂しがる。

**●「考えておこう」のテクニックを使う**――これはどんな状況でも役に立つ道具だけれど、家庭ではとりわけそうだ。返答が決まっているときでも、少し間をおくこと。そして、プレッシャーを感じるからというだけで返事をしてしまわないこと。本当に難しい決断の場合は、配偶者やセラピスト、スポンサーなど複数の人の意見をもらい、静かに自分の心の声を聞く必要もあるかもしれない。私はよくこうアドバイスする。「その場から離れて衣装部屋に入り、自分にどうしたいのかたずねなさい」。子どもたちが敬意を感じるのも、怒りや強迫的な反応ではなく、考え抜かれた判断だろう。たとえそれが彼らの気に入るものではなくても。

**●あなたと配偶者との間で、分担をはっきりさせる**——親であるあなたたちは二人ともボスではあるが、口でそう言うだけでは足りない。自分で信じる必要がある。夫婦がしっかりしたパートナーシップをもち、心を開いた対話が頻繁になくてはならない。意見が合わないこともあるだろうが、子どもの前でそれを決議する必要はない。両親の悩みを子どもが知るのはかまわないけれど、巻き添えにしてはならない。

子どもたちが実際に見聞きする必要があるのは、たとえ子どもである自分が望まないときでも、親の仕事は子どもを導き守るものであること、そしてその仕事を親がとても真剣に考えているということだ。

**●家族の防御態勢に取り組む**——家族ぐるみの治療にとりかかると、お互い同士で守りを固める必要はなくなる。以前は「いったい何が言いたいの?」と言っていたのが、「あなたのことを知りたいの。もう一度説明してくれる?」に代わる。

古い習慣はゆっくりと消えていき、無意識の防御反応はだんだん信頼と率直さに代わっていく。

## ●変化に対して心を開く――ACや次世代ACは、過去の積み重ねでできたやり方そのままに愛する人たちと関わってきた。親がやってきたのと同じこと、または正反対のことをやって。子どもたちは、家庭をさらに良いほうに向けるアイデアをもっているかもしれない。読書や議論、研究、講座の受講、定期的に専門家の援助を受けるなどを心がけて苦境をくぐり抜け、新しい人との関わり方を身につけていくことだ。

## もう大きくなった子どもとつきあうには

読者のなかには、子どもがすでに大きくなっていて、家族の態勢をがらりと変えるには少々手遅れという人もいるかもしれない。それでもここまで記した考え方で利用できるものは多いが、子どもが自分で学ぶ権利を尊重することが大切だ。親としてはすぐにでも回復に取り組んで光を見出してほしいだろうが、あなたが手本を示さない限り変化はやってこない。

このことも覚えておいてほしい。子どもたちは、あなたと同じやり方をする必要はない。あなたの次の世代、そのまた次の世代は、その問題に共依存というレッテルを貼る必要を理解しないかもしれない。優れたカウンセリングやサポートシステムであれば変化は訪れる。お説教したり他人行儀になったりすることなく、身をもって子どもたちに示してやることだ。回復途上にある人の姿を、そして遅すぎることは決してないということを。

## 自分の親とつきあう

回復途上の次世代ACとACにとって、良いことはまた悪いことでもある。彼らは板ばさみになる。「自分の間違いがわかったのは良いことだ」と思い、「このすてきなニュースは、親には怖くて聞かせられない。あの人たちからもらえなかったものを私が取り返そうとしているなんて」とも思うのだ。生育家庭への忠誠心が強すぎるため、ACや次世代ACは共依存からの回復を家族の目から隠し、親の前では「小さい子ども」の立場に戻ってしまう。

ある人がいったん回復のプロセスに入って許しの段階が始まると、自分の親や家族と関わる新たな技能の組み込みもまた始まる。

役に立ちそうなガイドラインをいくつか挙げておこう。

● **あなたの親と家族を「あるがままに」受け入れること**——たとえ微妙な提案という遠回しの形であっても、彼らを変えようとしないこと。彼らの行動や人生の充実度を審判しないこと。アラノンはこの取り組みの大きな力になってくれる。

● **あなたが親からもらった「良いこと」をリストアップする**——ほかに何もなくても、遺伝的な才能があるかもしれない。それに感謝を示すこと。過去の苦痛が本当に解決されてしまえば、これは難しい仕事ではないはずだ。もしやりにくければ、まだ自分の怒りから卒業していないのかもしれない。この良いことのリストをあなたは手元に置いておきたくなるかもしれない。子どもだった自分に良いことが何かあっただろうかと問うときのために。

**●家族の陰口を言ったり、間接的に意思を伝えたりしないこと**――知らなければ傷つくことはない。きょうだい同士で伝言係になったり隠しごとをしたりすると、あなた自身にとっても良いことはない。ママとパパの話や「グチの言い合い」をしても家族の緊張は解けないし、どのみち、より健全な関係に進む力にはならない。きょうだいには、ほかに言うことが実際ない場合もある。あなたのほうで新しい話題を見つけるか、ただ会話を減らす必要があるかもしれない。

**●しきたりや家族の期待に従うのではなく、あなたが気持ち良くなれることをやること**――「あそこで一緒に夕食をしたいか」と自分の胸に聞くこと。本当は行きたくないと気づくかもしれないが、意識した選択であれば心構えも変わってくるだろう。自分なりの時間的な限界を学ぼう。家族と一緒に過ごすのはここまで、もう逃げ出さなくてはという時がわかってくる。そろそろだと思ったらすっと抜けられるよう前もって準備しておけば、苦しくならずにすむ。常に、自分で決めて行動したと思える計画を立てること。人の言いなりになってしまうと、怒りと無力感が残る。そのままでいるという選択も常に可能だけれど、ほかの選択肢を胸の内にもっていれば救いになるだろう。

**●親が配偶者やほかの人を虐待するところに居合わせないこと**――特に親からあなたへの虐待を

許してはいけない。虐待が始まったら、電話であろうと親戚同士の集まりの場であろうと、そこから静かに離れることだ。腹を立てる必要はなく、自分を大事にしているだけでいい。場が落ち着いてから、それについて思うことをできるだけ正直に表現してみてもいい。

**●親のそばにいて傷つく前に、どうなるかをよく考えておくこと**──彼らは虐待をしかけてきたり、操ってきたり、あなたのしてほしいことに鈍感だったりする。そうまでして親に心を開いてみせる値打ちが本当にあるか自分にたずねること。もっと安全な話題にとどめ、傷つきやすい心はサポートシステムのためにとっておいてもいい。

**●対話や親密さを強いるよりも、自然に生まれる特別な瞬間を利用すること**──どこの家でも、親やきょうだいが普段より心を開いているときがあるだろう。たぶん彼らも、傷ついたときや特別幸せな気分のときには、それをあなたと分かち合いたいと思う。あるいは、あなたの回復に興味をもつ瞬間があるかもしれない。これは普段よりも素直に話ができるときだ。またこういう時が来るまで長くかかるかもしれないので、短い時間でもこの絆を楽しんで、感謝の気持ちをもとう。

**●わが家のアルコール依存問題専門家にならないこと**──家の外でも、なかなかこれは避けられない。この話題が出たからといって、あなたがコメントしたり、誤った情報を訂正したり、教えてやったり、小言を言ったり、治療の話を持ち出したりする必要はない。本気で援助を求めていない人たちはこの種の話に反論してくるから、聞く耳をもたない彼らにカッとして席を立たざるを得なくなる。相手が真剣であれば連絡先の電話番号を教えてあげてもいいけれど、答えをわかっている人になろうとしないこと。たとえ知っていても、「知りません」と言ってかまわないのだ。

**あなたの親が現在アディクションにはまっているなら、専門家に相談する必要があるかもしれない**――介入技術の訓練を受けていて、介入の可能性を査定できる人であること。やるべきことは全部やったとあなたが心から思うなら、手を放すほうがずっと容易だろう。介入は常に適切な手段とは限らない。特に、以前にもその試みがあった場合や、すでに広範な治療経験がある場合は。これが適切に行なわれれば、不可能なこと――アディクションをもつ人が治療に入る――が成し遂げられるだけでなく、家族システムのなかで癒やしのプロセスが始まるケースも少なくない。

**あなたが回復途上で遂げた劇的変化が最もよくわかるのは家庭以外の場所かもしれない**――一番最後に自分の健全さを見せるところは、親との関係になる。新しいあなたに適応する時間が親には必要だから、これは必ずしも悪いことではない。新しい自己主張の仕方や誠実さをあわてて見せる必要もないし、あなたが遂げた前向きの変化を親に喜んでもらおうと期待する必要もない。現実のあなたを少しずつ親に見せていこう。たぶん、最初は少々「おかしい」と思われるだろうが、親は自分たちがひどくおびやかされなければ、そのうち変化を受け入れるようになる。

## まとめ

真空の中で回復する人はいない。たとえ前向きの変化であっても、ACや次世代ACの日頃の大事な人間関係にはたちまち大きな影響が及ぶ。回復過程での主な務めは、その家族システム、特に次世代の共依存とアディクションの循環を断つためにできるだけのことをすることだ。

効果的な子育てについて学ぶことはたくさんある。自分の親が手本にならない場合、身近にある情報源を利用するのもよい。

家庭で取り組む領域は以下のようなものだろう。

- 子どもたちに怒りの適切な表現を教える。
- 子どもの負担にならないように、自分の気持ちを表現する。
- 一貫性のない子育て——必要に応じて「一人きりでやる」こと。
- 健全なしつけと自然の成り行きを教える訓練を積む。
- 子どもも自分も肯定する。
- 子どもの怒りから自分を健全に切り離すことを学ぶ。
- 子どものドラッグとアルコールの問題と向き合う。

●子どもに共依存治療を勧める。

自分の生活で劇的な変化を遂げる一方で、自分の親への対処も大きな課題となってくる。新しい自分を少しずつ見せていくようにすると、うまくいきやすい。切り換えをしやすくするために、以下のことを付け加える。

●あなたが親からもらった良いこと――遺伝も含めて――をリストアップする。
●家族同士の陰口や間接的な意思伝達をやめる。
●家族ぐるみの行事では、自分が気持ち良くやれることをする。
●虐待の場に居合わせない、親から虐待を受けない。
●傷つきやすい心を親に「開いて見せる」前に、まず考える。
●対話を強制しないで、チャンスを探す。
●わが家のアルコール依存問題専門家にならない。
●現在親にアディクションがあったら介入を依頼する。
●親に時間を与えて、新しいあなたに慣れてもらう。

# 参考図書


・Ackerman, R. 1983 *Children of Alcoholics*. Learning Publications.

・Black, C. 1982 *It Will Never Happen To Me*. M. A. C., Printing and Publications Div.（斎藤学監訳『私は親のようにならない――アルコホリックの子供たち』誠信書房、一九八九年）

・Diaz, P. & O'Gorman, P. 1987 *Breaking The Cycle of Addiction*. Health Communications.

・Dreikurs, R.M.D. 1964 *Children The Challenge*. Hawthorn/Dutton.

・Illsley-Clarke, J. 1980 *Self-Esteem : A Family Affair*. JI Consultants.

・Satir, V. 1967 *Conjoint Family Therapy*. Science and Behavior Books.

・Smith, A.W. 1985 Treatment Issues for Addicted Children from Alcoholic Families, *Focus on Family and Chemical Dependency*, *U. S. Journal of Drug and Alcohol Dependence*. March/April.

・Wegscheider-Cruse, S. 1981 *Another Chance*. Science and Behavior Books.

・Woititz, J. 1983 *Adult Children of Alcoholics*. Health Communications.（斎藤学監訳『アダルト・チルドレン――アルコール問題家族で育った子供たち』金剛出版、一九九七年）

# 監訳者あとがき

## ――「次世代AC」ということ――

AC（アダルト・チルドレン）という言葉が日本で飛び交うようになったのは、阪神淡路大震災やオウム真理教関連の事件があった一九九五年で、翌年には朝日新聞の「今年の言葉」なるものにも選ばれたそうだ。つまりこの言葉の持つ力に惹かれる人びとが日本にもたくさんいたということだ。なぜ一九九五年かというと、この言葉を必要とする人びとを治療したり、そうした人びとを取材したりする人びとが、この言葉をタイトルにした数冊（私の記憶では三冊）の本を出版したからで、これらの本はいずれも著者たちの予測を超えて売れたらしい。三冊のうちの一冊（『アダルト・チルドレンと家族』学陽書房）については私自身が書き手だったので、その売れ方にびっくりしたことを証言できる。

この本のなかにも触れられているように、アダルト・チルドレンという用語は当初、アルコール依存症という「病気」を抱えた親（ないし親たち）のもとで育った子どもたちを意味したが、現在ではこのことをはっきりさせたいときにはACoAという言葉を使う。最後のAはアルコホリックス（＝アルコール依存症に罹患した人びと）を指す。つまりACそのものは別にアルコール依存症という「病気」とは独立して用いられるようになっている。心身の病気や気質やその他の問題を抱えた親たちのもとで育ったために、安全な養育環境を供給されず、そのために心身障害や有害な習慣行為（アディクション＝依存症）や、生きにくい世界観のなかに閉じこもることになった人びとなどはありふれていて、なにもアルコール依存症という依存症の一型だけを取り上げることもないとわかったからである。現に日本の父親たちに見られるアディクションということになれば、アルコール依存症よりも仕事依存症が多かろう。後者は「病気」とみなされないから、むしろそれだけ子どもの問題は深刻になる。なぜなら「父さんはあんなに働き者で立派な人だったのに……」と言われてしまうからである。

しかし父親が仕事・職場にかまけ、家庭では短気で暴力的だったり、放ったらかしの無責任だったりしたときの子どもは、その父親に飲酒癖があろうと無かろうと悲惨である。そうした家庭の場合、母親もまた配偶者の行動に一喜一憂しているうちに「おかしくなってしまう」のだから。母親（母親が依存症者なら父親）がおかしくなることを「共依存」（co-dependence）といい、これもまた一種のアディクションと考えられるようになってきた。この人間関係のアディクションこそ、あらゆる依存症に通底する基本的な態度であり、現代に固有のセクシュアリティとみなす人（たとえば、イギリスの社会哲学者、アンソニー・ギデンズ）さえいる。ギデンズによれば、共依存の人とは、「自己の欲望を他者の欲望によって定義する人」のことである。わかりやすくいえば、「他人に必要とされる必要に駆られているうちに、自分が真に必要としているもの（欲望）が見えなくなってしまった人」のことである。こんな人が母親であったらタイヘンだ。この母親は夫の世話にかかずらって子どもを無視するかもしれないし、夫に絶望して子どもの世話焼きに没頭するだろう。言うまでもなく、日本の社会では後者のような母親が多い。こうした母親は子どもを生き甲斐にし、自らの期待によって縛る。この縛りから抜け出ようとすれば、子どもは非行や引きこもりなどの「期待はずれ」を演じなければならないし、縛りに甘んじれば、自己の欲望の所在さえわからないロボット人間と化し、その多くが次世代の仕事依存症者とその配偶者となる。つまり「次世代ＡＣ」の父親や母親になるわけである。

このように考えてくると、これはもうアルコール依存などのローカルな問題ではなくなってくる。ギデンズのように現代女性にありがちなセクシュアリティの一形態とも思えない。少なくとも日本社会の場合、男たちは伝統的にこの種の「滅私」によって組織に奉仕してきたからである。終身雇用制の崩壊によって、こうした人間関係が修正されたなどと考えてはならない。日本の男性の多くは相変わらずロボットとして、前後左右の「空気」に適応しながら空虚な日常を送っている。そこに何かの変化を見つけることができたとしても、それは時代の空気の影響にすぎない場合が多い。

そういうわけで「次世代ＡＣ」や「ＡＣ」は、一部病人を指す言葉ではない。一九九五年からの数年、ＡＣという言葉が世間の風にさらされていた頃、この概念の批判者が必ず述べた的はずれな指摘が、「そんなことといえば、誰でもＡＣじゃないか」ということだった。彼らはこの言葉を「病人」のために用意されたと勘違いしたからである。そう、そのとおり「誰でもがＡＣ」である。ただ、そこに由来する心身の病気が発展してしまった人びとのほうが自分の問題の基底にあるものを見据える機会に恵まれ、そこから脱したいとも思えるようになるということなのだ。「私だってACだが、治療を受けたりするほど弱くない」という人はそのまま生きればいい。ただし、子どもがおかしくなったら、この文章を思い出すと役に立つだろう。

原著者についての詳しいことは知らないままに、内容に惹かれて翻訳版を出すことをお薦めした。訳者は臨床家ではないが、私が編集長を務めている二つの学術雑誌の編集にかかわってくださっている人である。誠信書房の松山由理子さんと中澤美穂さんには、この本でもひとかたならぬお世話になった。心から感謝している。

二〇〇五年五月三〇日

家族機能研究所にて

精神科医、家族機能研究所・代表

斎　藤　　学

監訳者

**斎藤　学**（さいとう　さとる）

1941年　東京都生まれ

1967年　慶應義塾大学医学部卒業

同大学医学部助手（精神神経科学教室），WHO研修生（薬物依存関連問題），フランス政府給費留学生，国立療養所久里浜病院医長，東京都精神医学総合研究所研究員を経て，

現　在　家族機能研究所代表，『アディクションと家族』誌編集主幹，NPO法人日本トラウマ・サバイバーズ・ユニオン理事長，医学博士。

著訳書　『家族依存症』，『女らしさの病い』（共編），H. ドゥローシス『女性の不安』（訳），C. ブラック『私は親のようにならない 改訂版』（監訳），A. W. シェフ『嗜癖する社会』（監訳），J. スウィガート『バッド・マザーの神話』（監訳），C. マダネス『変化への戦略』（監訳），C. ウィットフィールド『内なる子どもを癒す』（監訳），C. ブラック『性嗜癖者のパートナー』（訳）

訳　者

**和歌山　友子**（わかやま　ともこ）

1976年　武蔵野美術大学産業デザイン学科卒業

現　職　翻訳・文筆業

訳　書　カウフマンほか『強い自分になる方法』筑摩書房，アン・W・スミス『がんばっていても不安なあなたに』ヘルスワーク協会，ベン・C・クロウ（編）『アメリカの奇妙な話1・2』（共訳）ちくま文庫

アン・W・スミス
**アダルト・チルドレンの子どもたち**

2005年7月30日　第1刷発行
2018年6月20日　第4刷発行

監訳者　斎藤　学
発行者　柴田敏樹
印刷者　西澤道祐

発行所　株式会社　誠信書房
〒112-0012　東京都文京区大塚3-20-6
電話　03 (3946) 5666
http://www.seishinshobo.co.jp/

あづま堂印刷　イマヰ製本所　落丁・乱丁本はお取り替えいたします
検印省略　無断で本書の一部または全部の複写・複製を禁じます
©Seishin Shobo, 2005　Printed in Japan
ISBN978-4-414-42918-3 C1047

# 私は親のようにならない［改訂版］

## 嗜癖問題とその子どもたちへの影響

**クラウディア・ブラック著　斎藤学 監訳**

嗜癖に耽ける親を横目に「親のようにならない」と言い続けた子どもが、なぜその親と同様、嗜癖の闇に埋もれてしまうのだろう。嗜癖障害の専門家である著者が、初版刊行より20年を経て、なお繰り返されている悲劇に終止符を打つため、嗜癖からの脱却・回復への指針を、新たな視点も加え提示する。

目次



**四六判並製　定価(本体2200円+税)**

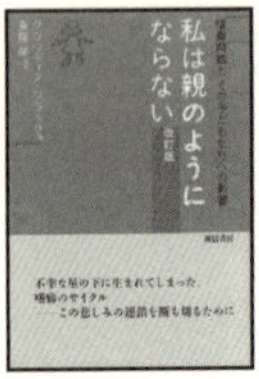


# 性嗜癖者のパートナー

## 彼女たちの回復過程

**クラウディア・ブラック著　斎藤学 訳**

性嗜癖はアルコールや薬物嗜癖と同様に、嗜癖者本人だけでなく家族にも多大な影響を及ぼし、嗜癖の対象が性であることから子どもにも打ち明けにくい。そのため、嗜癖者の妻やパートナーは他の嗜癖よりも苦しみが大きく、一人で抱え込んでしまうケースが多い。性嗜癖の実態を当事者の言葉を通じて紹介し、嗜癖者のパートナーがセルフヘルプグループの中で回復していく過程を示す。

目次



**A5判並製　定価(本体2800円+税)**